李嘉诚与长江实业

严岐成 著

中国出版集团
中译出版社

图书在版编目(CIP)数据

李嘉诚与长江实业/严岐成著. —北京：中译出版社，2021.2（2021.6重印）

（"中国著名企业家与企业"丛书. 第二辑）

ISBN 978-7-5001-6610-8

Ⅰ.①李… Ⅱ.①严… Ⅲ.①李嘉诚－生平事迹②房地产企业－企业管理－经验－中国 Ⅳ.①K825.38②F299.233.3

中国版本图书馆CIP数据核字（2021）第033322号

出版发行／中译出版社
地　　址／北京市西城区车公庄大街甲4号物华大厦6层
电　　话／(010) 68005858，68358224（编辑部）
传　　真／(010) 68357870
邮　　编／100044
电子邮箱／book@ctph.com.cn
网　　址／http://www.ctph.com.cn

策划编辑／刘永淳　范　伟
责任编辑／范　伟　郑　南
封面设计／潘　峰

排　　版／北京竹页文化传媒有限公司
印　　刷／北京玺诚印务有限公司
经　　销／新华书店

规　　格／880毫米×1230毫米　1/32
印　　张／7.25
字　　数／150千字
版　　次／2021年2月第1版
印　　次／2021年6月第2次

ISBN 978-7-5001-6610-8　定价：49.00元

版权所有　侵权必究
中译出版社

前言

"长江不择细流，故能浩荡万里。"

唐古拉山脉格拉丹冬峰，蓝天如镜、冰雪如银，童话般的世界，美丽而静谧。然而，阳光下，生命依然顽强诞生，一条小河在冰封雪盖之下带着清脆的流水声如幼苗破土般，蜿蜒而出。它像一条细蛇，身材瘦弱而柔顺，只能无力地沿着山坡流向峡谷，流向平原。在这一过程中，无数涓细的河流向它汇聚，渐成百川合一之势，终为浩瀚巨河，席卷大半个中国，它就是万里长江。

14岁的李嘉诚，因父亲离世，辍学走进同乡茶楼，走进中南钟表公司当了一名扫地端茶的小徒弟。学修表，学生意，学做人。那时，他"骨架瘦弱、眼眸无神"，很多人认为他"难成大事"。

大千世界，他就像一棵柔弱的芒草，在风雨中挣扎、生长。后来，他决定放弃两年钟表店的学徒生活，到一家五金厂当了推销员。再后来，由于他推销成绩卓越，成为一家塑胶厂的总经理。

再后来，22岁的李嘉诚用省吃俭用积攒的7000美元在香港的筲箕湾创办了他自己的长江塑胶厂。柔弱的芒草在风雨中挺直了脊梁，开始了他的新一轮成长期。

五年后，李嘉诚凭借他灵敏的商业嗅觉及洞察力，发现了用塑胶做花与真正的鲜花相比，竟有惟妙惟肖之感。于是，他经过深思熟虑和详细考察之后，果断在香港推出了长江塑胶厂生产的塑胶花。该花上市，不但以假乱真般可与鲜花相媲美，并且以经久不衰、色泽长存而使鲜花失色。顷刻间，他的塑胶花走红香港市场并销往全世界。同时，也给李嘉诚带来巨大的利润与成功，使这位中国近代的商界巨子踏上了一个愈加坚实的台阶。

从此，李嘉诚以"塑胶花大王"的美誉，名动港九，成为政、商各界的知名人物。

再两年，李嘉诚将他的长江塑胶厂更名为长江工业有限公司，总部设在了港岛北角，视野更上一层楼。

1958年，在李嘉诚的策划下，一幢12层高的工业大厦落成。1960年，第二幢工业大厦又在港岛柴湾拔地而起。这是一个标志性的事件，它宣告李嘉诚开始进军房地产业。

如果说万里长江百折千回，在云贵高原的峡谷里奔腾前行，收拢岷江、沱江、嘉陵江、乌江等成浩瀚之势，如巨龙扑向江汉平原的话，此刻的李嘉诚和他的长江实业，已经是香港商界的一条巨龙。面对商场起伏跌宕的商机，李嘉诚以其独特的经济眼光、敏锐的商业嗅觉，没有一次错失良机，总是在最好的时段、用最好的方式，逐步地夯实他的商业帝国。

1967年，香港时局混乱，有人相机起事，党同伐异，暴乱频发。从尖沙咀到旺角，维多利亚港所包裹的整个九龙半岛，地价直线下跌。李嘉诚毫不犹豫地出手购地，为长江实业囤积了大量的走向未来足以发展的地块。无疑这是李嘉诚最可引为自豪的杰作之一，在寸土寸金的香港，这些地块为李嘉诚和他的长江实业插上了翅膀，"扶摇直上九万里"。亚洲的首富，商界的巨无霸，豪华的"银河战舰"，那一时刻，已经露出峥嵘。

1979年，他收购英国洋行"和记黄埔"22.4%的股权。

1984年,他收购"香港电灯公司"并控股。

1986年,他进军加拿大,购入"赫斯基"石油半数权益。

2010年,李嘉诚集长江基建、港灯、李嘉诚基金和海外基金会的57.75亿英镑竞购了法国电力旗下的部分英国电网业务。完成了海外到本土的一场逆袭,从香港进军伦敦。

2012年,福布斯富豪榜,李嘉诚排名第九,亚洲第一。坐拥财富大约300亿美元。

其经营范畴也从房地产发展到了电力、港口、电信、供水、零售等领域,其旗下有四大旗舰店,分别为长江实业地产、长和、长江基建以及电能实业。提起李嘉诚,更多人称之为"李超人"。

中国著名文学家刘白羽,在他的《长江三日》中对长江有过精彩的描述,特别是对于三峡,浓墨重彩,风光尽现。

长江、从冰川下的一泓小溪吸吮天地的乳汁,汇聚山川河流,下云贵,冲蜀道,过三峡,出荆门,一路夺关斩将,经历"高江急峡雷霆斗",面对"瞿塘险过百牢关",沿途"巫山巫峡气萧森",历经无限风光,终于才是"楚地阔无边,苍茫万顷连"。

当然,文学家可以凭借他的想象与激情喊出:这是多么好啊！这才是生活！可对于一个实业家而言，他的每一步必须坚实，必须心无旁骛，在踏险历艰中保持一份心态的稳定，保持一种别人无法理解的平衡。因为，他每一丝的犹豫，每一刻的彷徨，都可能与财富失之交臂。当然，每一个错误而匆忙的决定，也可能使他永远失去攀登亚洲之巅的机会。这就是人生，一个可以回忆昨天而完全有权利指点江山，而展望明天又永远处于未知的人生。

多少年以后，当李嘉诚背对风平浪静的维多利亚港，站在香港中环皇后大道中的长江实业总部，站在那幢美轮美奂的玻璃钢大厦之巅时，他曾经看到他少年时代的脚步吗？他曾经思索过他经历的雨雪风霜吗？他曾经为自己风云激荡的人生而慨叹吗？

我们不得而知，但我们知道，他是成功者，他是人生赢家，他是商界巨子，他是亚洲首富。

然而，这个世界上没有人可以轻言成功！

再励志的传说也仅仅是传说，脚踏实地如长江一样，依附于它的母亲大地，融合百川，浩荡万里，那不仅是传奇，而是一部人生的经典！除了独特的商业眼光，惊人的洞察力，果断的决策之外，站在巨人之巅的李嘉诚和他的长江实业,更需要情怀,需要胸襟,需要坦荡与诚信。当然,更需要那颗火热、诚挚、朴实的心与永恒的做人之道。

那么,就让我们试探着打开这部人生经典,看它会给我们带来多少启迪、多少教益吧!

目录 CONTENTS

第一章　成人礼 1

第二章　塑胶花大王 31

第三章　进军地产 61

第四章　里程碑事件 87

第五章　收购港灯之战 115

第六章　股市纵横 141

第七章　拓展　布局　未来 169

第八章　梦想　情怀　传承 195

第一章

成人礼

01 贫困少年

如礼花般灿烂，却如魔鬼般狰狞！美丽、宁静、温馨的香江夜空，被四分五裂的炸弹碎片撕得七零八落。1941年底，日本法西斯进攻远东自由港。

本举家南迁进入香港躲避战乱的李嘉诚一家，又一次面临着日寇的狂轰滥炸。不久，英军投降，日本人全面占领了香港，膏药旗代替了米字旗。日本军队对香港实施了战时管制，工厂倒闭，物资奇缺。没有办法，14岁的李嘉诚一家只能再次骨肉分离。母亲庄碧琴带着更加幼小的弟弟、妹妹北归潮州，临行之前，母亲摸着李嘉诚的头，一遍遍叮嘱："多听舅舅的话,多听爸爸的话,等着妈妈。"

少年的稚气挂在脸上,眼睛里噙满了泪花。生活的艰难让李嘉诚像一个大人那样,向妈妈点头:放心,妈妈,有我在就有爸爸在。

爸爸李云经,幼读诗书,任职教员,在潮州乡里也是一个文化人。可在战时的香港,哪儿还有安静的书桌?他只能凭借李嘉诚舅舅的介绍,在一个小铺子当个小职员。在这里,他亲眼看见港人踊跃捐款,支援内地抗战。没有钱,抵抗外族侵略是不可能的,于是,这位孔孟的传人,对教育救国动摇了,从心中感觉实业才能救国。他曾经向李嘉诚流露过这一看法,也许,这是无意间播下的一颗种子。这颗种子种在了李嘉诚的心里,一旦有适当的机会,浇上雨露它就会生根、发芽,茁壮成长。

妈妈走后不久,生活的操劳、物资的短缺使父亲李云经患上了肺结核,按照民间说法就是"肺痨"。

贫困加上日寇对香港的蹂躏,李云经的病一天甚上一天,终于卧床不起。然而,父亲为了李嘉诚不至于辍学,仍然不肯吃药,将省下来的钱为李嘉诚补贴学费。多年以后,每当想起这些,李嘉诚都会热泪盈眶。是山一样的父爱,让李嘉诚砥砺前行。

舅舅庄静庵在危难时强行把父亲送进了医院。可是，那个时代的医疗水平，肺结核差不多就是绝症，李云经最终不治。离开人世的那一天，父亲拉着他的手，看着李嘉诚什么也不说。李嘉诚明白了父亲的意思，他指天为誓："我一定会让我们家过上好日子！"

听到这样的话，李云经闭上了眼睛，溘然长逝。

独立的人生开始了，第一步，李嘉诚就遇上了骗子。为了安葬父亲，李嘉诚找了两个声称可以卖墓地的人，交上了订金。可小小的李嘉诚并不放心，要求亲眼看看墓地。那两个人觉得孩子好骗，准备半路上甩掉他。谁知道，几经周折，李嘉诚寸步不离。两个骗子看甩不掉李嘉诚，就带着他到了坟场。二人用客家话商量，准备找一块已经埋了人的坟地，将死人挖出，然后交给李嘉诚。

他们没有想到的是李嘉诚是潮州人，他懂得客家话。李嘉诚听懂了他们的对话，气得心头发抖。这世界上还有这样无耻的人！但他清楚，这两个人什么事都能干得出来。荒郊野外，他一个瘦弱少年怎么能是这两个凶徒的对手。于是，他尽量平静地对那两个人说：你们的话我全听到了，算了吧！订金就送给你们了，我另找卖主。

事后，李嘉诚的父亲被安葬在罗湖边上的沙岭坟场。

但这件事让少年李嘉诚终生难忘，他从此告诫自己：绝不能赚昧良心的钱！这也成为他一生的座右铭。

父亲走了，少年李嘉诚孤身一人迎向了寒风。其实不然，他的后面还有一个人，这人非常强大，他叫庄静庵——李嘉诚的舅舅。李嘉诚一家离开潮州，避于香港就是投奔的舅舅。舅舅站在他的背后，另一座山一样的存在。

如果说是父亲给了他正直的品格、诚实的基因，而舅舅庄静庵则给了他商人的精明、打工者的勤奋，以及共同具有的简朴和低调以及乐于助人的风范。

没有舅舅，李嘉诚的存在以及发展都是不可想象的。

当然，庄静庵还有一个身份，他还是李嘉诚的岳父。不过，那是后话。李嘉诚进入香港之后，特别是父亲离去，孤身挣扎于人生海洋的时候，他只有14岁。因此，庄静庵还只是他的舅舅。

但这个舅舅只是在暗中观察着这个弱不禁风的少年，让他在人海中苦苦挣扎。只有在李嘉诚最困难的时候，他才伸出援助的手。所有的主意、所有的困难、所有的进退，都由少年李嘉诚自己来抉择。

这不是庄静庵故作高深，而是来源于他的理念，他认为艰难的人生路必须靠自己。而这个"自己"是需要磨炼的，磨炼意志、磨炼技能、磨炼品格。即使面对自己的姐姐和姐夫，他也如此。

李嘉诚一家到了香港，他可以立刻腾出自己的房子，让他们一家有了安居之室，还资助他们金钱，帮助他们安顿生活渡过难关。可是，他并没有安排李云经到自己已经很红火的"中南钟表公司"去上班，也没有在李云经去世后，安排李嘉诚到公司去工作。

他的公司很大，需要的人也很多。即使是不多，加一个李嘉诚是没有问题的。可他并没有这么做，一切都看李嘉诚自己的选择。

一切看起来有些"无情"，然而，更深刻的情感就在这无情之中。为什么这么说？因为，庄静庵和李嘉诚一样都是潮州人。那么，潮州人有什么特别之处？那就得说说潮州。

潮州位于广东省东北角的一隅之地。可是，它却名动海内外。原因之一，它是著名侨乡。无数的潮州人自古至今，漂洋过海，下南洋，奔泰国，足迹遍布东南亚，在陌生的土地上打出了一片属于华人的辉煌。原因之二，他们吃苦耐劳，不尚虚华，永远不满现状，开拓进取，是中华民族最善于打拼的一群人。

潮州不但有自己的地方语言，还有自己独特的菜系、独特的民居、独特的戏曲与音乐。总之，潮州有自己独特的文化与风格。

说到这里，也许我们就知道了，庄静庵更愿意看到自己外甥进取、打拼，而后独立于人海。

可是，李嘉诚只有15岁，即使父亲不在了，他也必须独立挑起生活的担子。就如丛林中，一只失去了父亲翅膀遮蔽的雏鹰，他必须学会独立飞翔。

这就是生活所迫！

好在，李嘉诚也是潮州人，这潮州人的基因在他身上传承，潮州人的血液在他身上流淌。埋葬了父亲，他并没有开口求自己的舅舅让他到钟表公司去谋生。他开始奔波于香港的商铺、饭馆、旅店、工厂，其目的就是找一份工作，好让自己安身立命，好让自己独立生活。

1943年，日寇铁蹄下的香港，百业凋零。近百万的人逃港而去，整个港岛只剩下了60万人。可想而知，在这种情况下谋生是何等艰难？

大街上，行人寥寥，公交车半天一趟。狂风吹来，垃圾旋转而起。只有巡逻的日本兵，踏动皮靴，闪动刺刀，让人惊心动魄。

李嘉诚首先想到的是潮州同乡，潮州人的团结是有名的，不管在哪个地方，只要有潮州人就有潮州的同乡会。可是，那个时代，潮州人也是自顾不暇，也是苦苦挣扎。

李嘉诚首先想到一个黄姓的老板，他开的是杂货店。

李嘉诚称呼老板为"黄叔"，黄叔与李嘉诚是邻居，他们同住在潮州的北门街。年少时，黄叔是李嘉诚伯伯李云章的学生。按照道理讲，他们是世交。李嘉诚满怀信心地找到了黄叔的杂货店，可眼前的景象让他大吃一惊：店门紧闭，曾经那么惹眼的招牌不知哪儿去了，门前堆满了垃圾。

还用进去吗？李嘉诚心中明白，这家店铺已经是人去屋空。至于黄叔，哪儿去了？不得而知。

这就是1943年的香港，这就是日本法西斯占领下的香港。百业凋零、民不聊生。霎时间，李嘉诚如坠冰窟。失望让他两腿失去了力量，勉强挣扎着回到家中。

表妹来看他，在那个寒冷的日子里，表妹庄月明的一双瞳仁是他心中的火焰。看着哥哥红肿的双脚，妹妹心痛地给他打来温热的水，告诉他：许多事就在坚持一下之中。

李嘉诚咬紧嘴唇，发红的眼圈中那两颗泪花在闪烁。但他努力地使那两颗泪花保留在原处，面对表妹默默地点了一下头。

寒风凛冽，表妹火一样的双眸温暖着李嘉诚，成为他不息奔波的一种莫名动力。也许，那个时候还谈不上爱情，但亲人之间的温情如阳光储存于他的胸中，让他能够抵御这沁入肌肤的寒冷。

02
茶楼小伙计

小小年纪的李嘉诚并不知道，暗地里还有一双眼睛在看着他，那就是舅舅庄静庵。庄月明回家后，第一个向她打听李嘉诚的就是庄静庵。

听到李嘉诚的窘况，庄静庵默默地呷了一口工夫茶，半天没有说话。也许，他觉得温度还不够。

李嘉诚没有辜负表妹的期望，他辗转于香港的大街小巷，不停地按照各种地址去寻找工作。可惜，大多是关门的店铺，不用人的商家。

最后，他来到一家叫"春茗"的茶楼。这家茶楼位于西营盘，老板叫李嘉茂，也是潮州人。而且，在潮州时，他与李云经相熟。

看到走进茶楼、瘦弱的李嘉诚，李嘉茂第一眼就知道这不是茶客。果然，李嘉诚非常有礼貌地鞠了一躬，用标准的潮州话说明了自己的来意。李嘉茂本想一口回绝，但李嘉诚的潮州话让他多问了几句。等他知道眼前这位弱不禁风的男孩就是李云经的儿子，而且，当他得知李云经已经离开人世时，一股酸楚涌上李嘉茂的心头，善良而多学的李老师在乡间人缘不错，况且这异地他乡一个孤苦伶仃的孩子！李嘉茂多了一份恻隐之心，他说：好吧，你去找一个保人，然后就来我的茶楼上班吧！

这个喜讯，差一点儿让李嘉诚当场跳起来。可是，他只是后退一步，稳重地行了一个礼就转身告辞了。

回到家，找谁做保人呢？最好是舅舅。既是潮州同乡，

11

又是钟表公司的老板,说出话来有足够的分量。

正在这时,院子里传来脚步声。进来的正是舅舅庄静庵和表妹庄月明,他们还带来一袋大米,一沓钞票。

庄静庵摸着李嘉诚的脑袋,半天没有出声。他知道外甥这些天的努力,叹息一声,说道:"明天就不要再跑了,到我的钟表公司来吧!咱们家也需要人。"

李嘉诚一抬头,首先看到的是表妹庄月明闪亮的瞳仁。他的心中当然高兴,到舅舅的公司肯定要优于"春茗"茶楼。不仅是工作条件,钟表的修配技术也曾经强烈地吸引过李嘉诚,那可是从西方传来,在中国是炙手可热的技术,也是非常有发展的技术。

但是,李嘉诚半天没有回答。庄静庵有些惊异,他低头看向外甥,却发现外甥已经开始摇头。终于,李嘉诚出声说道:"谢谢舅舅,我今天找到工作了,只是需要一个保人。我正想找你,你给我做保人吧?"

庄静庵吃惊之余,详细询问了事情的经过。最后,他回答:"那好,我答应做你的保人。茶楼是个人流汇聚的地方,你在那儿也好,可以学到很多技术以外的东西。"

也许,那个时候庄静庵就发现了李嘉诚的与众不同。

也许，那个时候，舅舅就希望他能成为一个出色的商人。而茶楼的确是历练人的好地方。庄静庵同意了李嘉诚的选择，也同意了做他的保人。而庄月明细心地拿出了一个小小的护身符送给李嘉诚，这是她在庙里求的，希望自己的小表哥能够永远平平安安。

就这样，李嘉诚进入了"春茗"茶楼，成了一名端茶倒水，扫地跑堂，招呼客人的小伙计。

南方的茶楼实际上是个饭店，除了茶，也有许多精致的小点心。人们常说的喝早茶，其实和早饭一样。因此，茶楼每天早上6点就得开门营业，晚间要等到客人散尽才能打烊。

李嘉诚常常是天不亮就要赶到店铺，打扫卫生，摆正桌椅，等待客人的光临。不管来的是什么客人，他都要上前热情地招呼，迎来送往。

客人三教九流，每个人的打扮不一样，谈吐也不一样。李嘉诚开始学着观察客人，从客人的言谈举止判断他的职业、爱好，甚至是性格。李嘉诚的判断，往往都是非常准确。如果说茶楼历练了李嘉诚，给他上了人生的第一课，这一课非"识人"莫属。

舅舅没有为李嘉诚拒绝到自己公司上班而懊恼，相反，他的心里暗喜，这是外甥成熟的标志。看到李嘉诚早出晚归，庄静庵送给他一个闹钟，这样，可以让他避免迟到。于是，李嘉诚每天五点就准时起床，洗漱一番立即拔腿往茶楼里赶。路上，他还给自己设计了一个"不断超越"的游戏，就是不断地超越前面行走的人。这让他每天大步流星地赶路，并且，养成了"快走"的习惯。

在茶楼工作一年，他从来没有迟到，也从来没有早退。时间观念就从那时起，在他的脑海里扎根。

当然，15岁的少年，正是贪睡的时候。后来，李嘉诚曾经对他儿子谈起这段经历，他说："那个时候，我最大的愿望就是美美地睡上三天三夜。"

然而，这只是他的愿望，实际上他每天都要强力地睁开惺忪的双眼，揉得干涩而生疼，然后，一掀被子立马起床。

这仅仅是毅力吗？这也是"贫寒可励志"，家乡亲人的生活，弟弟妹妹的学费都在他的心里。

茶楼里，人来人往，各人有各人的故事。这故事都来自现实生活，因此也非常的精彩。有一次，李嘉诚听茶客闲聊入了迷，竟然忘了给客人添水。听到大伙计一声喝，李嘉诚惊慌之中提起大茶壶就跑。真是乱中出错,一个不小心,绊到一个茶客的脚上,手中壶一抖,滚烫的茶水就洒到了客人的裤脚上。

霎时间,李嘉诚脸色煞白,极度的恐惧中他伫立于原地,不知道如何是好。

这是非常严重的事故。头几天,一个伙计也是将水洒到了一个茶客的衣襟上。那个茶客是"三合会白纸扇"(黑社会)的人,老板亲自赔礼,那个伙计跪在了原地。可最终,伙计还是被炒。

李嘉诚眼前天旋地转,感觉那一幕就要重新上演。

老板李嘉茂急忙跑过去,正要向客人赔礼道歉。没想到,客人轻轻地掸了一下湿透的裤脚,轻声说:"不怪他,是我不好,绊了他一下。"

客人还摸着李嘉诚的肩膀,轻声安慰他:"小师傅,没事!"

事后,李嘉茂告诫李嘉诚:"我晓得是你把水淋到了客人的裤脚,以后做事千万小心,万一有了闪失,要立即向客人赔礼。争取大事化小,小事化了。这一次客人心善,如果遇到恶一点的,这事就麻烦了。咱们开的是茶楼,客人是我们的衣食父母,我们一定要小心。"

这件事,对李嘉诚触动特别大,一直到后来他拥有了长江实业,成为富甲一方的董事长,他还曾经对友人说:"这虽然是件小事,对于我来说,却是一件大事。如果我还能找到那位客人,我一定要让他安度晚年,以报他的大恩大德。"

由此可见,这件事给李嘉诚带来极大的心理震动。也正是这份震动,让李嘉诚行事更加严谨,做事更加小心。甚至可以说,形成了他一生的处世风格。那个茶客宽以待人的风采刻在了李嘉诚的脑海里,某种程度上影响了他一生。

在茶楼当伙计一年多,这是李嘉诚唯一的一次闪失。从此,他更加勤谨,更加努力,每天都要用15个小时的时间来工作。

很快,他的勤谨和努力得到了老板的认可。他的工钱得到了提高,职位也从小伙计变成了大伙计。

这时,他已经16岁了。额角微微凸出,脸上也有了青春痘。少年李嘉诚越来越感觉到茶楼不是他的久留之地,拎着茶壶跑上跑下的日子应该结束了。在这里,他完成了初入社会的洗礼,接触了形形色色的人物,懂得了察言观色,因人而异的处世技巧。这技巧不是油嘴滑舌,而是与人亲和的能力。没有这能力，与人交往就容易产生距离感，这距离感很可能使你一开口就叫人厌烦。如果是那样，你怎么去销售你的商品呢？因此，亲和力，是一种非常重要的能力，让人信任你，理解你，感觉到你的亲近和可信。李嘉诚自信，他已经有了这个能力。这就是做一年的茶楼伙计所给予他的，他开始思忖，他的未来应该做什么？

父亲是个教师，一生崇尚孔孟，喜欢学问，也曾经想让自己的儿子走这条路，学而致仕。可在香港，李云经发现很多同乡包括庄静庵，他们走的是另一条路。因此，李云经在世的时候就曾经透露过自己的想法。李嘉诚也逐渐明白，那就是经商赚钱，实业兴国。

经过这一年多的茶楼浸泡，当伙计的历练，李嘉诚发现了自己身上的特质，他应该经商，他可以做更大的生意，赚更多的钱，实现父亲临终时自己的誓言"我一定会让我们家过上好日子！"

思索良久，他向老板提出辞职。

老板李嘉茂当然预见不了，眼前这位瘦弱的青年会成为未来的香港经济界的巨头。老板有点惋惜，毕竟他已经熟知了茶楼的服务流程，娴熟的服务也得到了客人的认可。可是，李嘉诚的目光很坚定。于是，李嘉茂也只是拍拍他的肩，说了一句："好吧，春茗随时欢迎你。"

李嘉诚离开了茶楼后，舅舅再也没有犹豫，立刻同意了他进入"中南钟表公司"。

03 钟表店

"中南钟表公司"是庄静庵毕生的心血。

起初，它只是生产表带的一家小厂。由于物美价廉，迅速地站稳了脚跟。后来代理了瑞士的品牌，又开发了修理装配的技术，中南钟表已经日益壮大。

看到外甥在茶楼一年的辛苦以及他的勤谨，庄静庵非常满意外甥的努力。他已经感觉到这个外甥有做生意的天赋，可究竟会发展到什么地步，他也不知道。因此，仍然是老办法：苦其心智、劳其筋骨。

李嘉诚进入钟表公司的第一步，仍然是小学徒，而且接触不到钟表修配，只能做杂活。扫地、煲茶、倒水、跑腿学事，仅仅如此。任何同事都不知道这个瘦弱勤谨的小学徒就是老板庄静庵的亲外甥。

李嘉诚也从来不多言多语，只是手脚勤快，眼力见惊人。哪位师傅热了，就会发觉一块干透了的毛巾递到了手中，哪位师傅渴了，立刻，一杯茶水送上。只要李嘉诚在，工作室永远是干干净净，小学徒从来不偷懒，勤快得像一个钟表总是在不停地转。

时间一长，没有人不喜欢他。很多师傅争相教他手艺，他还一学就会，天生的悟性，让李嘉诚在钟表的装配和修理上几乎是一点就通。他从不张扬，也不骄傲，修好了也是师傅的功劳，从来不自以为是。

庄静庵也说："阿诚的阿爷谢世太早，故阿诚少年老成。他的许多想法和做法，就像大人。"

看似平淡无奇，一句"少年老成"就足以表明李嘉诚在舅舅心中的位置。而且，这也是钟表公司诸位师傅共同的评价。他们不知道李嘉诚与庄静庵的关系，反而在老板面前说这位才来的小伙计："伶俐勤快。""看别人的脸色，就知道别人想要什么做什么，他立刻会主动帮忙。"

这一切，都让庄静庵看在眼里，喜在心里。

不久，李嘉诚已经对各种型号的钟表、修理与装配都了然于胸。不用任何人的关照，他已经是钟表公司的成手。

1945年8月，震动香港的大事发生，日本人投降了。

当年逃离香港的人以每月10万人的速度回归家园，当然，李嘉诚的母亲带着弟弟和妹妹也回到了香港。母亲这才知道了父亲去世的消息，她双眼含泪重新祭奠了李云经。回头再看李嘉诚，一股欣慰涌上心头，儿子大了，真的大了。不仅肩膀宽阔，眼睛也在焕发青年人的神采。更主要的是那股沉稳的劲头，让母亲庄碧琴十分欣慰。私下里姐弟间的交流更使母亲明白，儿子已经是可以承担一个家庭重担的男子汉了。

那年，李嘉诚17岁。

日本人投降，香港在复苏，一切百废待兴。精明的商人庄静庵立刻嗅到了这股气息，感觉到商机扑面而来。他立即扩大了中南钟表公司的规模，增设了新的店面。李嘉诚在这一公司的发展机遇期中，被调整到高升街的一家钟表店里当店员。

这店员和伙计的工作截然不同，他不用扫地端茶，而是销售、销售，再销售。销售钟表，销售钟表的修理与服务。

由于李嘉诚有茶楼服务的经验，对于每一位走进钟表店的顾客他都能从客人的衣着、举止上判断出他的职业、爱好、性格等。这样，他一开口肯定是客人所需要的。比如，一位客人走进表店，什么也没看就摸自己的手腕。李嘉诚立刻判断这是来修表的，他会迎上前去，接过手表，讲述这款表的特点和使用方式。并且，可以迅速搞清这块表的损坏部位，回答客人有关问题。

不久，他成了顾客最多，销售最棒的一名店员。

后来，共事的老店员接受记者采访时说："嘉诚来高升店，是年纪最小的店员。开始谁都不把他当一回事，但不久都对他刮目相看。他对钟表很熟悉，知识很全，像一个吃钟表饭多年的人。谁都不敢相信，他学了才几个月。当时，我们都认为他会成为钟表行业的一个能工巧匠，也能做一个标准的钟表商，没想到他后来会那么成功。"

在这一段时间里，还有一件事值得我们了解。香港是英国殖民地，通行英语。如果英语不好，就很难立足，也很难做大事。李嘉诚从一开始就认识到这一点，因此，他对英语的学习从来没有间断。没有时间怎么办？他将英语单词记在卡片上，不管是在茶楼，还是在钟表公司，只要有时间，他就会掏出卡片看一眼，复述一下上面的单词。

逐渐地他可以跟表妹用英语进行简单的交流，这也让庄月明非常惊奇，表哥天赋异禀的聪明让她莫名的倾心。

进入钟表公司，工作的压力不是那么大，常常会有一些空余时间。李嘉诚暗自决心利用空余时间，补习中学课程。

可这学习的过程中出现了一个问题，那就是教材。上哪儿找教材呢？到书店购买是最简单直接的办法，可是钱呢？他薪水微薄，弟弟、妹妹还要上学交学费。怎么办？聪明的李嘉诚发现了一个好办法。原来，在香港许多读完中学的中学生，会将使用过的教材当做废纸卖给废品站。于是，李嘉诚就花买废纸的钱买来了中学教材。而且，他看完、学完之后，又当成废纸卖给了废品站。也就是说，他不但利用这些教材达到了目的，而且没花一分钱。

这是他的小伎俩，也是他的得意之作。许多年后，提起此事，他都非常高兴地炫耀一番说："我既学到了知识，又省了钱，一举两得。"

其实，他的高兴倒不在于省了钱，而在于，他从中悟到了经商的好处。在这一买一卖之间，他找到了经商的一种快感。

1946年，日寇投降一年之后，香港逐渐走向正轨。人口重新增加到了一百多万，经济也在迅速复苏，一切似乎都充满了勃勃生机。作为杰出潮州商人的庄静庵敏锐地感受到了这一切，他要扩大中南钟表。他计划建一个新的工厂，要使中南钟表有自己的品牌。面对东南亚市场，他要全面布局。

雄心勃勃的庄静庵，立足香港要大展宏图。

可他没想到，身边的外甥李嘉诚已经提前感受到了他的勃勃雄心。舅舅是他的偶像，舅舅的一举一动，都让李嘉诚看在心里，体会到深处。这种感染是潜移默化的，甚至是无形的。也许，庄静庵还不知道，可李嘉诚的心中已经有了同样的想法，这想法催化了李嘉诚的商业雄心。

留在中南钟表公司，借公司发展的东风，自己可以顺利升职加薪。有舅舅的羽翼和自己丰厚的业绩，他在中南钟表公司的发展肯定会更上一层楼。也许，多年之后，他会成为中南的……

然而，李嘉诚却觉得他应该放弃这一切！为什么？他要有自己的产业，自己的未来。而这一切，必须是独立的，这独立的一切必须是由李嘉诚自己来主宰。

因此，李嘉诚出人意料地提出了辞职。

这辞职,李嘉诚也需要过关斩将。第一关就是母亲,母亲坚决反对,她看到了弟弟事业的发展前景,也看到了儿子在这发展前景中的前途。可李嘉诚的一席话让她沉默。

李嘉诚要像富兰克林那样,24岁之前有自己的工厂。而他当时,已经快18岁了。时不待人,他必须更加独立地前行。

没想到,儿子竟然有这样的抱负,母亲庄碧琴只能默默地点点头。

可怎么向舅舅说呢?在困难的时候,总是舅舅伸出援助的手。此刻,中南钟表公司大发展正是用人之际。

李嘉诚想到一个办法,他要去五金厂当推销员。他请五金厂的老板去向庄静庵要人。

"围魏救赵",庄静庵感受到外甥的心机,他决定亲自面谈。

舅甥二人一番长谈,庄静庵明白了外甥的雄心壮志。他的心头没有震撼,只有感动,真没想到,姐姐有如此出息的儿子。

终于,庄静庵长出一口气说道:"好吧,你出去闯闯也好。"

04 伟大的推销员

美国著名作家奥格·曼狄诺写了一本畅销书,名字就叫《世界上最伟大的推销员》。他认为推销是一门艺术,一门学问。他说：推销就是让别人了解自己、喜欢自己、信任自己。当你与别人真诚沟通交往的时候,就已经迈出了成功推销自己的第一步了。

他给自己的主人公安排了十本神秘的羊皮卷,如武林秘籍般记载着销售的真经。

李嘉诚没有那么幸运,他没有羊皮卷。可他有在茶楼积攒的丰富的识人本领,又有诚信勤谨的工作态度,他带着这些上路了。他为五金厂推销的是镀锌的白铁桶,他不找零售店,直接去找酒店、宾馆和居民区中的大婶。

正像曼狄诺说的那样,推销就是交朋友,让别人喜欢自己。李嘉诚似乎对这些道理无师自通,他走进一家旅馆,旅馆老板拒绝了他的白铁桶。可他打听到了这个老板的孩子非常喜欢集邮,于是,他想方设法搞到了一套紧缺的邮票送给了老板。一下子拉近了他与老板的距离,二人成了朋友。那家旅馆一下子就订了他两百个桶,成全了李嘉诚一大单生意。

李嘉诚非常勤快,直接走进居民区,看到成堆的老人他就会凑上前去。他知道这些老人只要有一个人购买,就是他的广告,将会带动一群人。他不厌其烦,认真讲解,甚至实际操作,说明白铁桶有什么优点,如何经久耐用。

那段时间,经常可以看到李嘉诚背个大包,带着样品,挤公车,穿马路,急匆匆地赶向下一个地点。勤快、朴实、认真、诚恳,李嘉诚打动了许多与他接触的顾客。他们支持了李嘉诚,使他的销售业绩在同行中遥遥领先。

可有一次,他吃了败仗,这败仗却成了他人生的一个转折点。

那是一家大型旅馆,老板已经答应购买他的白铁桶。可是,还没签协议的时候,走进一位中年人,那中年人拿的样品竟然是一个塑胶桶。没有太多的语言,中年人一番演示,两个人一番较量,塑胶桶的优势就显露无遗。老板当场取消了与李嘉诚的口头协议,转而订下了塑胶桶。

李嘉诚转身离去,那位中年人却喊住了他,还请他走进了一家小酒馆,二人把盏推心置腹一番。原来,中年人是家塑胶厂的老板,他告诉李嘉诚:"塑胶是新兴行业,白铁已经是夕阳西下。你的推销策略非常不错,是你的白铁桶不行。怎么样? 转行吧,到我这里来,我需要你。"

醍醐灌顶! 老板的话让李嘉诚目瞪口呆。做生意首先要选对行,塑胶行业是新兴行业,如地平线上的一轮朝阳,前途不可限量。

他承认老板说得对,当即拍板加入塑胶厂。

他成为塑胶厂的推销员后,仍然是一如既往,背着一个大背包,乘着公车或者是大步流星穿行于市井。

这家塑胶厂地处偏远,有时还要坐轮渡,跨过维多利亚港。他从来没有抱怨,他认为抱怨是给没有出息的人准备的。他给自己规定一天16小时的工作时间,马不停蹄地奔波于港岛的每一个角落。

一次进入一家批发行,服务员正在打扫卫生,他突然悟到:何不当场实验? 他立刻拿出他的塑胶洒水器,现场作业。塑胶洒水器是个新型产品,推销它需要说明使用方式、性能等。现场操作比口头讲解要明白。负责该部门的经理发现了洒水器良好的性能,立刻与他签订了协议。

李嘉诚也明白了一个道理,事实胜于雄辩!

李嘉诚的推销也的确不依赖于言辞,更多的是依靠他热情的态度、认真地工作和诚实守信的品格。比如,与人约定时间是10点,他从来不会迟到一分钟。答应朋友的事,排除一切困难也要办。言语不多,可每一次的事情都会办到对方的心里。这让人觉得他诚实可靠,放心与他相处,他的朋友也越来越多。

懂规则、守规则,信契约、守契约!这是他的座右铭,也是他刻在心中的原则。他不走捷径,不信三十六计,他认为这是中国文化的糟粕,这是教导人们不择手段达到目的。

当然,他也有很多具体策略。他非常注意市场行情,收集市场信息。他将香港分为几个区域,每一个区域,人口的分布,消费水平的高低都有记载,作为他的销售笔记。他也订了许多行业杂志,随时了解国际上的塑胶制品以及市场动态。

功夫不负有心人,年终评比,李嘉诚的销售业绩稳居第一。而且,比第二名高出七倍。真是一个伟大的推销员!

18岁时,他成了这个塑胶厂项目部的经理。转过年来,他又成为该塑胶厂的总经理。

新的职位，新的挑战，他会察言观色，会修配钟表，会跑街推销，可他不会管理，不懂生产。于是，他每天都以工装示人，这不是装朴素，而是工作的需要。他深入车间，与技术工人摸爬滚打，终于摸清了塑胶生产的所有环节，懂得了管理工人的方法，他已经在塑胶厂成了销售、生产、管理的一把手。

这就是他的成人礼，从一个普通的茶楼小伙计，成长为一名塑胶厂的总经理，位置最高的打工仔！不但懂得了世事冷暖，人情练达，而且掌握了钟表和塑胶的许多应用技术。这个时候，他的薪水已经很可观，还有一大笔销售提成。按照道理，依此走下去，李嘉诚的生活也能过得不错，进入中产阶层。可是，兴许他天生就喜欢挑战。挑战自我，突破极限！永远不会安于现状。

就如他的老板对他的评价：他有着谦虚沉稳的外表，实则蕴涵着勃勃雄心，他未来的前程非吾辈所能比拟。

这位老板不但能识人，将他招入麾下，让他成为总经理，而且，心底坦荡，在此关键时刻，他发现挽留不了李嘉诚，就设宴为其饯行。席间，受到感动的李嘉诚说道："我离开你的塑胶公司，是打算自己也办一间塑胶厂。我难免会使用在你手下学到的技术,也大概会开发一些同样的产品。现在塑胶厂遍地开花,我不这样做,别人也会这样做。不过,我绝对不会把客户带走,用你的销售网推销我的产品,我要另外开辟销售路线。"

这就是李嘉诚,来得诚实,走得坦荡。

不管怎么样,20岁的李嘉诚走到了他人生重要的节点,他要自主创业了。

"大风起兮云飞扬!"也许,那一刻,香港还没有任何人会意识到,这就是将来能够左右香港经济的商界巨子。当然,也包括他本人。

李嘉诚和那位老板酒酣耳热之际,拥抱作别。再见,苦难少年!再见,茶楼、钟表店、五金厂、塑胶厂。不,塑胶厂不能再见,但这一个将是李嘉诚自己的塑胶厂。

第二章

塑胶花大王

01 长江塑胶厂

1950年5月1日，湛蓝色的天空复照大地，美丽的港岛一角，一个叫筲箕湾的地方，突然炸响了一挂鞭炮，攀缘而上的火花耀人眼目，连续作响的爆竹声震耳欲聋。一块崭新的牌子挂在一面破旧的大门一侧，上面五个大字在阳光下闪烁——"长江塑胶厂"。一个西装革履的年轻人手按胸膛，看着攀缘而上的火花，眼中闪烁着从心底而发出的光芒。他就是李嘉诚，这家塑胶厂就是他的工厂。名谓"长江"，可见这位年轻人的雄心壮志在何处。

鞭炮声停息，他弯下腰来将门口一块废砖头捡起，扔向远处的空地。

厂房破旧，位置偏远，属于香港的郊区。但是，就这一块地方也是租来的。李嘉诚只有区区五万元，需要购置设备，还要安排人员。但李嘉诚仍然把厂名定为"长江"，其意是气吞八荒，浩瀚万里。这就是20岁的李嘉诚，脸上稚气未褪可眼中意志坚定。

不善言辞的李嘉诚，也许是头一次当着许多工人的面做演讲，他说："我们厂子虽然小，但我懂得塑胶行业，人家懂的，我们懂得更多。而我们懂的，人家未必懂。相信在不久的将来，工厂会做大，大家的收入也会越来越多。"

遗憾的是没有掌声，工人们用怀疑的目光注视着这位稍显稚气的老板。

随后，工人们却发现自己的老板特别能干。他每天早上四点起床，洗漱后，立即跑街，推销或者采购。因为，那个时候除了工厂的流水线，其余涉及的所有管理工作，李嘉诚一肩挑。计算好时间，在客户一上班的时间，他会准时踏进对方的办公室或者营业部。为了节约资金，李嘉诚从来不坐出租车，除了公车就是大步流星地前行。节约时间，节约一切成本。

到了中午，李嘉诚肯定出现在工厂，他要检查一上午的工作情况。然后,与工人们共同进餐。伙食非常简单,也没有食堂或餐桌,大都是找块地方,席地而坐,或者蹲在某一角落,形象较为不堪。李嘉诚心中愧疚,他向工人们发誓,工厂赚钱第一件事就是改善工人的伙食。果然,工厂刚有起色,工人们就有了自己的食堂。这就是李嘉诚,他认为"以诚待人,别人也会以诚相报"。

尽管工厂简陋,可工人们与老板共进退,很少有人中途离开。

晚间,万籁俱寂,李嘉诚却更加忙碌。他是管理人员,是会计,也是出纳,还是产品设计人员。于是,核算收支,记录账本,设计新产品模型图,安排第二天的工作。每天满满的16小时,高负荷运转。

李嘉诚的长江厂射向市场的开弓第一箭是塑胶玩具,这是李嘉诚精心思察并对市场进行认真分析后决定的。长江厂设备老旧,工人素质欠缺,就塑胶制作技术而言,真正懂行的只有李嘉诚一个。因此,更高质量的塑胶产品还生产不出来。而塑胶玩具非常受孩子们的欢迎,是市场的一个热点。

经过精心策划,几十把塑胶玩具枪下线了。当看到机器轰鸣,塑胶玩具枪缓缓下线,李嘉诚高兴极了。他大手一挥,带着他不多的员工进了一家小酒馆。菜肴虽然简单,却绝对充足,一向节省的李嘉诚请他的工人们开怀畅饮,庆祝长江厂的第一批产品。

由于产销对路,他的第一批产品迅速卖光。市场反应良好,物美价廉。这让李嘉诚信心大增,除了对工人们亲手培训,加强技术指导和训练之外,他还扩大了推销员队伍。找了几个精明强干的工人,他亲自带着"跑街",将自己推销的心得和方法教给他们。

订单相继飞来,机器的轰鸣声均匀而长久,李嘉诚沉醉在成功的喜悦中。

说到这里,有必要说一说"长江"这个名字的由来。据李嘉诚自己说,无非是觉得这个名字豁亮,听起来顺耳,没有什么其他的意思。

也许,这是真的。不过,结合后来的发展看,李嘉诚绝对是胸怀鸿鹄之志,希望自己的塑胶厂有朝一日能够如万里长江一样,气吞万象,浩瀚东流。

可在当时,筲箕湾无非香港一角,遥远而偏僻。长江厂在众多工厂中,沧海一粟。仅是在塑胶工厂中,它也是个不起眼的小厂。它能够发展起来,除了李嘉诚的精打细算,兢兢业业之外，与当时的大环境也有关系，可以说，长江塑胶厂成立之日起，就搭上了香港经济发展的"顺风车"。

1950年6月25日，朝鲜战争爆发。英国政府下令关闭了所有的对华贸易通道，香港的转出口贸易瞬间一落千丈。作为中华人民共和国的转出口主要通道，香港失去了它的功能。这就使建立在转出口贸易上的香港经济失去了方向，为了寻找这一方向，香港执政当局迅速调整经济政策，将转出口贸易改为扶植本地的加工制造业。而且，随之出台了一系列有利于加工制造业的政策。

香港政府因地制宜，根据实际情况采取"两头在外，大进大出"的策略。即加工制造的原材料在海外，销售的市场在海外，本地凭借劳动力的资源来赚取产品的附加值。

由于塑胶是新兴行业，具有广阔的发展前景，而且投资少、见效快，本身就适合中小投资者经营。再加上香港政府的新一轮扶植政策，塑胶制造业插上了翅膀，很多产品走出香港，销往东南亚，甚至欧美。

只要是有产品，立马会销售一空。于是，订单接踵而来，这就是良性循环。工厂有了良性循环，利润可想而知，有了利润，当然是要扩大再生产。

李嘉诚招收了又一批工人,很快又是一批。他把工人分成几个小组,由熟练工人对他们进行上岗培训。有时,他也要亲自上阵,手把手地教这些工人。有了人,就要提高工作效率,他将工人分成三班,一天24小时,机器永不停,产品源源不断地走下流水线。

然后,他又招募了会计、出纳、推销员、采购员、报送员,以及所有的管理人员。工厂越来越有模有样,一切步入正轨。

他在新蒲港又租下了一个小阁楼,安上电话,做工厂的办公室和产品展览室,还找人打了一个隔间,做了自己的卧室。他就住在这里,与工厂结成了一体。由于工厂已经步入正轨,他有时会脱开身,回家看看母亲和弟弟、妹妹。母亲非常欣慰,总是劝李嘉诚:"不要太累了,注意休息。"

他也会去舅舅家,向庄静庵学习管理企业的方法,听些教诲。更主要的是,能见到表妹庄月明,看到她心中就是一片阳光。看不到,李嘉诚会感受到心中莫名的失望。

庄月明当时在香港英华女子学校读高中,两人未必能见上面。每次偶尔一见,李嘉诚都会觉得表妹有变化,眸子更加雪亮,皮肤更加白皙,人也更加漂亮。庄月明是李嘉诚的粤语和英语老师,二人青梅竹马又是师生关系。庄月明见了这个表哥，总是问长问短，特别关心工厂的情况。听到表哥的奋斗有了成果，庄月明由衷地高兴，她总是柔声地鼓励他，深情地注视他的离去。

可每一次李嘉诚去，只要是庄月明在家，庄静庵总是想办法打发庄月明离开。这就使一个星期回一趟家的李嘉诚常常失望而归。

没有办法，他只能强烈地压抑住这种莫名的思念之情，全身心地投入工厂的管理和新产品的研发中。也许，这是唯一的办法。

就在长江厂意气风发，鼓帆前行之际，一件事却发生了。由于李嘉诚加大马力生产，忽视了一件事，这件事差一点就让长江厂中途夭折。

02 / 诚实与信誉

长江流出千里冰川，从来就没有一条坦途，千折百回中坠入高山峡谷，激起惊涛裂岸，观者色变。

李嘉诚做好准备了吗？坦诚地说，没有！一帆风顺会让任何人丧失警惕，何况是二十出头的年轻人。工厂满负荷运转，新招的工人一批又一批，这就面临设备老化，工人技术水平低的现状。在这种情况下，年轻的老板志得意满，难免产品会出现质量问题。特别是大环境也在变化，塑胶工厂已经是雨后春笋，香港本市几乎遍地开花，产品日新月异。随之而来，市场的要求也是越来越高。终于有一天，一个中间商的退货发过来。

李嘉诚在惊愕之余，还没来得及思考这是为什么？紧接着退货单竟如当初的订货单一样，如雪片飞来。

事情常常就是这样，好的时候，一路欢笑一路歌，坏的时候，雨雪加风霜。在面临质量问题而被客户退货的同时，银行听到了风声，不但停止了贷款，而且上门逼债，要求立即还贷。一些原料供应商也听到了风声，立即上门催要货款。真是"好事不出门，恶事传千里"。

长江厂塑胶产品质量差，新的客户到厂考察，发现设备情况后也是一哄而散。这样，难免在口碑上给长江厂带来更严重的打击。

面对这一夜变化的局面，李嘉诚还没有做好充足的准备。他只能被动应对，先是裁减工人，又暴怒对待退货的客商。结果，工人家属闹到厂里，客商一传十、十传百，长江厂的所有塑胶产品全部积压。形势非常严峻，几乎到了关厂停摆的时刻。有人建议：卖掉长江厂，还上货款和贷款，收摊不干了。

李嘉诚心痛欲裂，长江厂是他全部心血所在，他还指望它如长江一样浩瀚万里呢！痛定思痛，他感觉还是自己的经营理念和方式有问题。当事者错，回到家里，母亲给他讲了一个故事。

她说，很早很早以前，潮州城外桑埔山有座古寺，住持云寂和尚觉得自己垂暮之年，去日无多。一天，他把自己的弟子一寂和二寂叫到跟前，将两袋谷种交给了他们，叫他们去播种，到了收获的季节再来。看谁收的谷子多，谁就可以继承他的衣钵，做住持。从此，云寂和尚闭关念经，不闻寺内之事。很快，收获的季节到来。一寂挑了一担沉甸甸的谷子来见师父，可二寂却两手空空。云寂问二寂你这是为什么？二寂诚实地回答他没有管好田，谷种竟然没发芽。没想到，云寂把袈裟和瓦钵交给了二寂，要他来做本寺的住持。一寂不服，云寂却冷静地说：你们不知道吧，我给你们的谷种全是我煮过的。听后,一寂哑口无言,失望而去。

这故事让聪明的李嘉诚立刻悟到,自己错了。此时此刻绝对不能操之过急,要以诚待人,错了就是错了,请求别人的原谅,让别人给自己机会,这也许是唯一的办法。

于是,他首先安顿内部,召开全厂大会,诚恳地向工人道歉,将所有的责任揽过,承认是自己经营管理不善使工厂蒙难。所有裁减的工人,一旦工厂情况好转可以立即回来上班,工厂会补发工资。他还信心十足地说,长江厂一定会走出困境,只要有高质量的产品,长江厂就不会垮。他也绝对不会卖厂,希望全体员工与他同舟共济,困难只是暂时的,相信我李嘉诚就是相信你们的未来。

这是李嘉诚第一次发表如此慷慨激昂的讲话。工人们看到他们年轻的老板有如此信心,如此毅力,都被感染,一股精神上的力量让他们重新振作。

然后,他马不停蹄地拜访银行与供货商,诚恳地道歉,承认是自己管理不善使工厂发展到这种地步。但是,只要给他时间,他一定会改变现有状况。他的诚恳打动了银行和供应商,但放宽的条件有限。银行答应可以暂缓还贷,但在还清之前,不可以再贷款。供应商也答应宽限收款日期,但目前不供货。也就是说，银行和供应商给了长江厂喘息之机。

李嘉诚没有得寸进尺，在获得了有限的时间之后，他立刻去拜访客户。客户是长江厂的生命线，一日没有客户，长江厂就一日排除不了倒闭的风险。这些客户，曾经与长江厂有过良好的合作，今天看李嘉诚亲自上门道歉，大都原谅了他。其中一个中间商，曾经因为塑胶产品的质量和李嘉诚大吵了一次。李嘉诚登门之后，诚恳地说：以前的事怪我，是我们的质量问题，我错了！那个中间商没想到李嘉诚前后态度有如此转变，意外之中，他也原谅了长江厂。

稳定了银行、供应商，又稳定了客户。李嘉诚吸取教训，他开始整理产品，寻找事件的根本，也是原因所在。经过清理，他发现了产品中有的确实是残次品，而有的是因为延误了时间，再加上以讹传讹的原因，被中间商退回的。于是，他全部认真检测，残次品挑出来，而正品也放在一起。分库存放后，他开始将精力重新放在市场上，亲自去推销，正品是正品，而次品打上次品的标志。明确告诉对方，正品是正品的价格，次品削价处理。这样分门别类，产品陆续被市场接受，情况逐渐好转。

这一次，李嘉诚稳步发展。首先还上供应商的材料款，让工厂良性运转，并且在这一过程中，陆续招回以前的熟练工人。将一些头脑灵活的工人推向市场，让他们做销售，清理积压商品。诚实可靠，好的就是好的，坏的就是坏的，没有以次充好，这就使长江厂慢慢地恢复了信誉，市面上对长江厂负面的新闻也逐渐消逝了。

银行也看到工厂在良性的运转起来，他们不是不想放贷，他们怕的是放出的贷款坏死。看到李嘉诚的长江厂恢复了生气，李嘉诚还清原来的贷款之后，银行重新向他打开了大门。

看似是短暂的时间，但其实是一个漫长的周期，一步一步，一点一点地恢复，慢慢地缓醒，重新找到原点。这是艰苦的跋涉，艰难的挣扎，可李嘉诚挺过来了。

1955年的一天，危机发生的四年之后，李嘉诚召集全厂大会，他首先向所有人鞠了三躬，感谢困难时期大家的精诚合作，感谢大家的不离不弃。同时宣布："我们厂已经基本还清各家的债款，昨天得到了银行通知，从现在开始，可以给我们重新发放贷款。这表明，我们长江塑胶厂已经走出危机，将进入柳暗花明的新时期。"

话音一落，李嘉诚走下讲台，将手中的红包塞给每一位工人。工人在接过红包的同时，也紧紧握住了李嘉诚的手。谁都明白，这个年轻的老板在这段日子里，倍加辛苦，连续奔波。除了赔上笑脸，还要加倍地工作。终于，召回了工厂的每一位工人，实现了当初的诺言。

此刻，谁也不用说话，紧紧握住他的手，轻轻地摇一摇。劳资双方共同努力，渡过危机，长江厂终于盘活。

夜深沉，天空只有星斗。李嘉诚爬上了工厂后面的山坡，面前是灯火辉煌的维多利亚港，灯火映在海水中，他的面前一片灿烂。坐在一块冰冷的石头上，他浮想联翩：四年中的每一幕都在他的眼前，又似乎日益模糊而遥远。他不能否认，长江厂就像一艘船，他是船长，他没有任何理由轻率、冒进。他必须小心谨慎掌控舵轮，看清航线，避免暗礁与险滩。于是，他在心中暗暗地告诫自己：稳健中寻求发展，发展中不忘稳健！

红火了一年，困苦中挣扎了四年。李嘉诚感慨万端，他知道长江厂还穿行于峡谷之中，它还没有扬波千里的能力。但这四年，给他的教益是终生的，他总结道：资金是企业的血液，是企业生命的源泉，信誉诚实是企业的脊椎，甚至比生命还重要。

青年李嘉诚，青年长江厂，走过了这艰苦的一段，收获最丰满的莫过如此。

03 意大利之行

从空中看去，意大利像一只靴子躺在地中海的万顷碧波中。靴底踩向非洲，靴筒装向欧洲，于是，有人说它像一座桥梁连接了非洲与欧洲。

载着罗马帝国曾有的辉煌，发源于此的文艺复兴唤醒了欧洲，给这个古老的大陆以新生，近代西方文明从此诞生。

600年前马克·波罗由此出发，沿着丝绸之路来到中国，成为中国人民家喻户晓的朋友。

600年后，1957年，李嘉诚的飞机降落在罗马城中。

他此行的目的是什么呢？

长江厂虽然渡过了危机，可危机给李嘉诚留下的痕迹仍在。他不得不思索：港岛塑胶厂如此之多，长江厂靠什么去竞争未来？思索良久，他找到结论，那就是新产品的开发。开发新的产品，既可焕发工厂的活力，又能给市场带来新颖的产品，让消费者在耳目一新中欣赏和购买你的产品。只有这样，工厂才能存活，才能发展，才能如长江一样壮大、前行。

偶然的一次，他在一本杂志上发现，意大利用塑胶生产鲜花，畅销欧洲。

也许这本杂志很多人都看到过，可能激发出灵感的只有李嘉诚。那瞬间的意识刺激了李嘉诚的大脑，他立刻悟到，这是最好的新产品，它将引出塑胶行业的新潮流。也许，这就是意识，这就是灵感，这就是特有的可以掌控未来的企业家的嗅觉。李嘉诚有！因此，他就来了。

简单地说，他是为了塑胶花而来。

罗马城历经沧桑，只剩下宏伟而残缺的角斗场，仿佛述说着这个伟大帝国昔日的辉煌。意大利人不仅浪漫，他们也有很好的工匠精神。他们的皮具美观又耐用，他们的玻璃制品流光溢彩，他们生产的法拉利、兰博基尼绝对是世界顶级跑车。而塑胶花仅仅是他们创新的一件小小的产品，这创新搅动了一个东方青年的心，李嘉诚万里迢迢来到罗马城。

经过多年来的努力,李嘉诚的英语已经达到了一定水平,与意大利人交流完全没有问题。

经过两天的努力,他找到了生产塑胶花的厂家。他先将自己整理一番,熨平西装,擦亮皮鞋。进入厂家,他自我介绍,他是一名来自香港的塑胶花经销商,准备在香港销售该厂的产品。这让对方负责销售的经理非常高兴,在遥远的东方打开一条销路,拓展一个市场,是任何厂家都无法拒绝的诱惑。何况,眼前这位年轻人彬彬有礼,态度诚恳。

经理领着李嘉诚进入了产品展销室,各式塑胶花琳琅满目,五颜六色如鲜花一样盛开于李嘉诚的眼前。他的心中暗暗赞叹,巧妙的人工竟然可以用如此逼真的手法和大自然争奇斗艳。如果不亲手触摸,根本就分不出来。

李嘉诚毕竟是李嘉诚,他没有沉醉于塑胶花的美艳之中,他也没有忘记自己的身份。他拿起一束塑胶花,评头论足一番。由于他对塑胶行业的熟悉,他说的话绝对内行。对方一听,不敢怠慢,立刻全方位解释一番。在对方的解释中,熟悉这个行业的李嘉诚完全听懂了塑胶花的形成工艺。

就这样,他拿起一束玫瑰,吹毛求疵一番。对方经理就全方位地复原和吹嘘一通。于是，他放下玫瑰又拿起百合，又是照本宣科。整整一天，弄得对方经理筋疲力尽，再也无力解释。

最后李嘉诚一样一束打包付款。他像一位真正的代理商一样，几乎买下了全部塑胶花样品。

对方经理高兴了，他感觉自己一天的辛苦没有白费。热情地送出李嘉诚，并且一再表示：我们的塑胶花是意大利最好的，以后长期合作，肯定会给李嘉诚带来不菲的利润。李嘉诚也和他依依惜别，拥抱致意。

到了晚间，李嘉诚对着一个房间的塑胶花却犯了愁。一天下来，塑胶花的生产流程他了解得差不多，可是，色泽的配方、具体的工艺他还是模模糊糊。这些是至关重要的，疏忽不得。没有具体的工艺和配方，他是生产不出来惟妙惟肖的塑胶花的。想起因为质量问题而产生退货的产品，想起长江厂曾经经历的危机，李嘉诚再也不敢掉以轻心。他必须拿到塑胶花的调色配方，否则，他绝不回香港。

也许"天无绝人之路"是对的，圣经也有言"上帝给你关上了一扇门，必然给你打开一扇窗"。

李嘉诚无意间发现了一则广告，广告上是一家塑胶厂招收工人。大脑中灵光一闪：这不机会来了吗？

这家塑胶厂就是那家公司的一个分厂，距离总厂有段距离。因此，李嘉诚并不害怕遇到那位曾经打过交道的销售经理。他换了一身普通的衣服来到了分厂，也是凑巧，按照道理，他的旅游签证是不允许打工的。可这个分厂的招工负责人心里贪婪，招收这样的工人，他可以仅付一半的工钱，为了贪这个小便宜，他就招收了李嘉诚。

李嘉诚就如此堂而皇之地进入了意大利的塑胶工厂，并且成了一名华工。他一如既往地勤谨，常常是师傅一举手，他就知道要什么，迅速地递到手中。废品和垃圾扔出，他肯定第一时间收拾干净。

分配给他的工作就是清除废品，这也给了他一定便利，他可以推着小车，各个车间里转。一有空闲，他就会紧盯着机器，观察着师傅配料和操纵机器的方式。由于他对塑胶行业的了解，以及他极强的悟性，他很快地对塑胶花的调色配方有了感知。当然，是否准确还无法验证。

于是，他每到周末都会请客。请那些技艺高超的工匠。进入酒馆，白兰地一倒，李嘉诚诚恳地说：麻烦教教我，我不能总当清除废品的工人，我也要养家糊口。

白兰地色泽鲜艳,入口柔和,可后劲绵长。不久,这些技艺高超的师傅们就倾囊相授了。

没用多久,李嘉诚踌躇满志,他已经在这里学会了塑胶花的所有制作流程和调色配方以及具体工艺。

学会技术后,李嘉诚走进商店,购买了所有塑胶花,打包、装箱,发往罗马机场。

过关、申报、安检,一切繁杂的手续结束,李嘉诚走进飞机客舱,他扣上了安全带,那一声清脆的响声是那么悦耳,李嘉诚心旷神怡,向后一躺,伸展开他的身体,感到久违了的轻松。

飞机起飞了,通过舷窗,李嘉诚可以看到机翼下浮动的云雾以及越来越远的湛蓝海水。

再见,意大利!再见,地中海!

04 / 永不凋谢的港岛之花

长江厂会议室,所有的骨干和技术人员,全部被摆放在会议桌中心的塑胶花样品所吸引。他们议论纷纷，交头接耳，对惟妙惟肖的塑胶花赞慕不已，感觉上，自己的老板肯定有新的举动。

果然，沉稳的李嘉诚等议论声稍稍平息，就宣布了一个决定：从现在起，长江厂的主打产品就是塑胶花。全体人员都要意识到这一点，为新产品的生产与销售而努力。

说干就干，李嘉诚大量招收塑胶人才，研发适合香港的塑胶花。塑胶花实际上是植物花卉的翻版，而各地有各地人喜欢的植物花卉。比如意大利人喜欢郁金香，而香港人有自己特殊的喜好。经过考察，李嘉诚认为绣球是香港人最喜欢的一个品种，他让技术人员在配方调色、成型组合、款式品种上多下功夫。一是适应市场，二是保质保量。绝对不能出现以前的错误，质量将是塑胶花的生命线。

首先做出的是"蜡样"，李嘉诚亲自拿着这些"蜡样"跑市场，认真听取市场反馈。经过一个多月的反复试验，第一批塑胶花终于出厂了。

当这批塑胶花进入市场后，许多经销商都惊呆了。有个老客户情不自禁地问："这是你们长江厂的产品？"

李嘉诚一笑："难道是我从意大利带回来的？"

再看，果然这些产品与意大利产的塑胶花稍有不同，特别是里面有香港人喜欢的品种。李嘉诚说："长江厂厂房虽旧，可设备是新的，人员是新的，我们的事业也是新的。"一番调侃，李嘉诚说出了报价。

报价的结果更让经销商目瞪口呆，因为，当时的香港市场，塑胶花基本上都是来自意大利。路途的遥远，中间商的批次加价，塑胶花在香港市场上属高档商品，只有一部分英国人和中国白领才能消费。可李嘉诚认为，塑胶花批次生产，它的成本并不高。用不了多久，塑胶花就会开遍港岛。为了抢先占领市场，取得信誉，他想走薄利多销的路线。一开口，他的塑胶花价格几乎比市场上的便宜一半。

于是，他的塑胶花顷刻销售一空。有的经销商为了取得他的销售权，甚至主动提出希望先付一半订金。如此好的销售前景，刺激长江厂的生产，大量的塑胶花涌上市场，从香港扑向了东南亚。

长江厂的机器日夜轰鸣，工人川流不息，厂区内灯火通明。更多品种的塑胶花，塑胶水果、树木，相继研发成功，在一片大好形势下迅速地抢占了市场份额。这都是李嘉诚的运筹帷幄，因为，他明白塑胶花的生产工艺并不复杂，鉴于香港塑胶厂众多，用不了多久，更多的厂家就会转产于此。果然，随后不久，许多厂家转产塑胶花。而市场份额大多归长江厂，后来者根本无法插足。李嘉诚料敌先机，走了一步好棋。

但李嘉诚没有满足，此次的意大利之行，不仅让他获得了生产塑胶花的技术，更主要的是他看到了西方资本的运作模式，这模式强烈地震撼他的心。要想做大做强，要想长江扬波万里，岂是一个长江塑胶厂能够承担的使命？企业必须扩大，集团必须规模经营。

1957年底，他把长江塑胶工厂更名为"长江工业有限公司"。这是他的抱负也是他的雄心，公司采用一个来源于西方的企业组成模式。Corporation Company，这是它的英文单词，意思是多个合作人组成法人负责的联合企业。

李嘉诚在他的亲朋好友中开始招募股份，进行合资。从那一天起，他的目光又投向了远方，那就是房地产和上市。也许，这就是他更名的原因。

同时，他也把公司设在了相对于市区较近的北角。一切组织架构更趋完善，具有现代化管理的大公司模型已经出现。

当时他的塑胶花销售如火如荼，已经占领了港岛和东南亚绝大部分市场。可李嘉诚根本不满足，他把目光投向了欧洲和北美。

首先是欧洲。欧洲市场在英国洋行的控制之下，从香港销往欧洲的任何商品都要经过洋行的手中，他们从中获利。想要打开欧洲市场，洋行简直就是绕不过去的坎。李嘉诚不想让洋行从中谋利，更不希望在他们的控制下，操纵价格，损害长江公司的声誉。他希望产销见面，直接面对欧洲客商。他派出了大量推销人员前往欧洲，直接联系欧洲市场上的批发商。当然，欧洲的批发商也希望产销见面，他们一拍即合。长江公司的塑胶花质高又价平，他们很快打开了欧洲市场，订单雪片一样飞来。可惜，长江厂资金不足，银行又不可能给他们大规模贷款。李嘉诚因此不敢接大单，这让他非常苦恼，想方设法来突破"瓶颈"。

上天有的时候会眷顾特别勤奋的人。就在李嘉诚一筹莫展之际，一个很大的欧洲批发商竟然主动找上门来，这让李嘉诚欣喜若狂。

这位批发商说："你们的塑胶花款式齐全，物美价廉，比意大利的要好。我想和你们合作。"

合作是什么意思？李嘉诚当然明白，这不是简单意义上的批发他的产品，这是要包销和代理他的产品。那么，这种包销与代理，经销商是会投一笔钱的。而这钱，正是李嘉诚朝思暮想的东西，也是初生的长江公司成长的血液。

他无论如何不能放过这个机会，他充满希冀的目光盯着批发商等待他的下文。果然，批发商说："我可以提前预付一部分订金，但你得找一个保人。"

这条件一点儿也不苛刻，批发商也是人生地不熟，怎么可以把大把的资金交给他？李嘉诚点点头，答应了。

可是，他几乎跑断了腿，在势利的香港，如此大规模的资金担保，无人可为，李嘉诚还是失望了。

没有办法，李嘉诚抱着最后一试的想法，连夜生产，加工了三款九种样品，第二天去见批发商。他将九种样品摆在批发商面前的桌子上，批发商的眼睛都直了。他要求的是三种，没想到李嘉诚每一种做成一组，一组又给他细分了三种。一组是花卉，一组是水果，一组是草木。批发商拿过一种紫红色的葡萄，反复把玩欣赏，爱不释手。

终于，批发商抬头看了看李嘉诚布满红丝的双眼，微微一笑："李先生，你的九种样品是我看到的最好的塑胶产品。

好了，我们可以谈生意了。"

李嘉诚却愧疚地摊开双手："对不起，我找不到担保人，但你知道我的心中是多么渴望与你合作。"

批发商目光炯炯看了他半天，突然手一指："好了，我已经给你找好了一个担保人。"

李嘉诚大吃一惊。正在他无所适从之际，批发商继续说道："这个担保人就是你，你的真诚和信用就是最好的担保。"

随之，批发商打了一个响指，招来宾馆的侍者："两杯香槟！"

那一天，李嘉诚感觉胸中似乎盛开了鲜花，一杯香槟他一饮而尽。面对来自遥远欧洲大陆的批发商，李嘉诚真诚地从心底发出两个字："谢谢！"

有了批发商投入的资金，长江公司迅速扩大，生产的塑胶花漂洋过海布满了欧洲市场。1958年，长江公司营业额突破千万港元，利润百万港元。那年，李嘉诚30岁，三十而立之年华。紧接着，他的长江工业有限公司下除了塑胶部又增设了一个新部门，那就是地产部。李嘉诚要趁着"塑胶花大王"的强劲之势进军房地产了。

可是,塑胶花的故事还没完。因为,在他的销售版图上还缺一块,北美!

他的塑胶花宣传画册和实际样品早已飞向北美,并且,一家非常大的经销商回信,要求到香港实地考察。李嘉诚当即回答:"欢迎来港!"

李嘉诚做过调查,该公司实力雄厚,掌控加拿大和美国的销售市场,真是千载难逢。可李嘉诚明白,对方来香港绝对不是考察他一家公司,肯定是要"多方考察,择优录取"。

刻不容缓,他必须将工厂做到极致,让考察者一眼中的。时间只有七天,七天内完成他的设计和预想。

退掉已经破旧过时的厂房,在北角找到一家一万多平方米的标准厂房。然后就是设备购置,新厂房改建,安装调试。简直是迫在眉睫,急如星火。七天七夜,李嘉诚带着他的工人们,硬是完成了这个看似不可能完成的任务。七天后,新的厂房机器全部开工,一切投入运转。李嘉诚刚擦了一把汗,顺势看了一眼手表,有人喊他接电话。原来,北美的经销商已经到了。

老美是真讲信誉啊!李嘉诚也不含糊,亲自驾车过海轮渡前往启德机场。接到客人，李嘉诚故意问道："是先去宾馆休息，还是到工厂考察。"

对方回答在李嘉诚意料之中："去工厂！"

进入工厂，客人认真地参观了车间和样品间。跟在后面的李嘉诚，发现刚刚安装的设备正在投入使用，一切井然有序，机器运转良好。他心中喜悦，表面上却沉稳地对经销商说："注意休息，明天我领你去考察香港另外的塑胶工厂。"

客人一摆手，操着蹩脚的中文："不用了，你们厂规模很大，设备先进，生产管理井井有条，远远超过我的预想。嘉诚·李，我不是恭维，你的厂完全可以和我们那儿的厂家媲美，甚至还要好。"

李嘉诚压住心中的喜悦："放心，我们完全保证供货时间和质量，这是我们公司的价值观和生命线。"

经销商哈哈大笑："好，嘉诚·李，明天，我们就签合同，你是我们的独家供应商。"

从此，长江公司的塑胶产品涌向了北美市场，每年几乎都有百万美元的订单。并且，由于合作良好，李嘉诚还获得了加拿大帝国商业银行的青睐，成了它的信用客户，这为李嘉诚进军海外奠定了一个很好的基础。

不久，李嘉诚在北角建设的12层工业大厦落成，长江工业有限公司有了它体面的总部。

那些年，有报道：世界塑胶花贸易，香港占80%。香港成全球最大的供应来源，向美国、日本、德国、澳大利亚供货日益增多。

长江工业有限公司成为世界最大的塑胶花生产厂家，而李嘉诚理所当然地成了名动世界的"塑胶花大王"。

第三章 进军地产

01 香港地王

北角，顾名思义，香港的东北角。它面对维多利亚港，有大型港湾与码头，香港的海关大楼就建在这里。居民多为福建人，有小福建之称。1958年，李嘉诚的长江实业的第一幢工业大厦落成北角。不久，第二座工业大厦在不远处的柴湾封顶。

这两座工业大厦的建成和使用，让李嘉诚尝到了房地产的甜头和远景。两幢大厦除了安顿自己的长江厂，其余的空间用来出租，他收取物业租费，资金源源而稳妥地流进。这样，他对于房地产的思考也逐渐成形。

当时的香港人口在急剧地膨胀，从战后的60万，迅速增至100余万，又到200万到现在，已经是300多万了。人口的急剧增长，暴露了与地产之间紧张的矛盾。香港政府又采取了高地价的政策，香港已经是寸土寸金。房地产吸引了越来越多的弄潮儿扑进，他们用银行借贷，销售楼花等手段，迅速而大批地建设楼宇。

李嘉诚还是奉行"稳健中求发展的策略"，绝对不卖楼花，也不使用大批银行贷款，只是大量发展"出租物业"，在稳健地前行。

有人嘲笑他保守，有人说他竟然不懂"炒楼花"这一箭双雕的好投资，既绑定了银行锁定了用户，也保证了资金来源。李嘉诚一笑置之，继续走他的出租物业之路。

从1959—1980年，香港地皮涨了70倍到280倍不等。当初那些急于卖楼花的地产商，手中拿一块地，就卖一批楼。地皮上涨，手中无楼。而李嘉诚全部是出租物业，虽然当初进展缓慢，可现在看，大批的房地产在手，涨势带来的利润可想而知。因此，李嘉诚成了香港最大的"地王"。手中有地，就是每天看涨的黄金。

再看那些曾经喧嚣一时的地产商，由于过于激进，在一时的房地产起伏中,受到客户挤提,破产者不在少数。值得一提的是廖创银行董事长廖宝珊就是因为房地产波动,受到客户挤提,终致脑出血发作而去世。

还有之后的"明德银号""广东信托商业银行"等都受此影响,致香港银行业一度危机,房地产也一落千丈。

只有李嘉诚,稳步发展中保住了地块,也保住了信誉。就如长江巨浪过后,只有中流砥柱才显峥嵘。

后来,香港又爆发了著名的"五月风暴"。香港经济受到空前的冲击,许多富人移居海外,香港谣言四起,人心惶惶。

大片未建成的楼房烂尾,大块的楼盘抛售。位于香港中心的司徒拔道的一个带花园的独立洋房要价60万港元,可想而知,香港的地产业到了什么地步。

李嘉诚也处于这个风暴的中心,他也不可能不害怕。可他尽量让自己的大脑冷静下来,每天看报纸听新闻,仔细研究时势动态。

李嘉诚忧心忡忡,可他经过分析发现,发生于中国内地的武斗风潮已经在八九月渐渐平息。他相信所谓"五月风暴"也绝不会长久,香港的稳定不仅是香港人的愿望,也是中国内地政权的希望。

根据这个分析,他做出了自己的判断——决定:人弃我取,逢低吸纳。

长江实业根据他的决定,在香港房地产的低潮期疯狂纳地,从当初的1.08万平方米,急剧扩张到3.15万平方米。

没有人看好李嘉诚的举动,关系好的朋友告诫他,关系不好的对手等着看他的笑话。李嘉诚统统不解释,付之一笑而已。

改革开放后,香港百业复兴,地产势头转旺。而李嘉诚此时成了香港最大的地王,手中的出租物业和在建地皮已经是价值连城,而且其价值与日俱增。

很多人目瞪口呆,纷纷伸出大拇指的同时,心中酸溜溜的不好受,称李嘉诚为"赌场豪客",觉得他无非是赌了一把,偏巧赌赢了而已。

其实,局外人哪里知道李嘉诚的内心当时是怎样的惊涛骇浪。站在北角工业大厦办公室的落地长窗前,维多利亚港上空也曾乌云翻滚,电闪雷鸣,海湾也会波涌浪急,湾内的轮船起伏颠簸似乎随时都会倾覆。

当塑胶花的利润,出租物业的收入,纷纷投向看不到未来的房地产时，他的心也隐隐作痛。

可他有一个惊人的信念，那就是：香港一定能稳定住。

他的这个信念充满睿智，也是其他许多人看不到的。正因为许多人看不到，而他能看到，因此，只有他才能成为香港的"地王"。

大道至简！如此复杂的商业行为，投资举动，实际就是这么简单。这不是赌场豪客，这是人生赢家的必然轨迹。赌客凭的是运气，是盲目的。赢家凭的是知识与判断，是有理由的。

这就是李嘉诚，他没有随波逐流，他屹立中流，作出自己卓越的判断，为自己赢得了时间，也赢得了财富。

资本的拥有者不是脑满肠肥，而是充满智慧和睿智。他们赢得的每一场胜利都堪称经典，都是以深厚的人生底蕴为基础。

02 初试锋芒

此刻的长江工业已经更名为长江实业有限公司，就如万里长江来到了三峡口,挡在它面前的第一道关就是"置地"。何谓"置地"?它是英国商人保罗·遮打和杰姆·凯瑟克合资于1889年创办的大型地产公司,创业资金就达500万港元。当时已经是世界三大地产商之一,有号"地产大鳄"!

在一次长江实业的高层会议上,李嘉诚讲话:"相信在座的所有同仁都知道香港置地公司吧,香港地产界的头把交椅,我们要以置地为标尺,向它学习成功的经验,学习中发现完善我们的不足。让我们的长江有朝一日如置地一样强大,甚至超过置地。"

语惊四座,股东和同事们面面相觑,表情惊现一致。

时势造英雄,就如坚如虎牢的瞿塘峡一样,不以任何人的意志为转移,迎着长江巨流扑面而来。

20世纪70年代,香港政府决定建设地铁,为此成立了地铁公司,政府也相对给了地铁公司许多优惠政策,以保证地铁建设的顺利进行。其中,地铁站上盖的建设吸引了所有地产商的目光。地铁站上盖的物业有巨大的商机,可以招商,可以出租,地点都是繁华地段,每一寸土地的含金量都无法估量。

尤其是中环站和金钟站的上盖,中环,是香港地铁的首端终点站,位于最繁华的香港银行区。金钟,近在咫尺,与银行区相连，是东支线的中转站和海底隧道的起始站。附近有香港政府合署、最高法院、红十字会及政府办公大楼。如果哪一家地产商接下这两个站的上盖，开发物业，那一定会得到相当可观的收益。

所谓房地产，实则就是地产。地块决定了房屋的价值，没有好的地块，楼房分文不值。李嘉诚的长江实业，虽然在北角建起了它的工业大厦，可是它始终也没有涉足香港繁华的闹市区。如果想在房地产业更上一层楼，进入香港市区将至为关键。李嘉诚不能不把他的长江实业进军中环和金钟看成他的必胜之役。

可"置地"呢，财大气粗，实力雄厚，早就把中环和金钟地铁站的上盖看成囊中之物，志在必得。

这似乎是虎与猫之战，战局未开，强弱早知。虽然从外形看基本类似，都是房地产商，可力量的差距似乎已经决定了结局。

这是一场战役，胜者入驻香港中区，败者重回乡郊。李嘉诚明白此役的重要性。做人不需要36计，可作战36计就是典范。他首先要做的就是知己知彼，带回所有资料，彻夜在家中研究，研究对手，研究香港地铁公司。

首先是香港地铁，这是一家由政府公办的公司。但港府除了给予一些特许的专利和优惠外，它的资金筹集，设计施工，营运经营都要按照市场的通常法则去进行。也就是说，香港地铁公司想要拍卖中环、金钟站的上盖开发权，只能算经济账，没有政治账一说。简单点，就是香港地铁也要因这两个地块的开发而赚钱。

李嘉诚又探得：这两个地块，香港政府卖给地铁是2亿多港元。为此，地铁公司多次与港府商议，用部分现金加上地铁的股票支付。可这一点，遭到了港府的拒绝，港府的态度很坚决：必须全部现金。

而现金对于地铁公司来讲是最大的难题，它已经是捉襟见肘。为此，李嘉诚定下的第一个策略就是投标开发必须以现金支付为起点。

其次是一改长江实业以往投资房地产的策略，将只租不售改成只售不租。为什么？这也是根据地铁公司的现状来的。他们需要更多的资金投入新的地铁建设，只租不售，地铁公司就没有充足的资金来进行下一步的地铁建设，他是不会同意的。

最后就是让利。李嘉诚提出，招商所售扣除成本，利润分成为，长江49%而地铁公司为51%。

研究完香港地铁，李嘉诚的目光又投向了置地公司。无疑，不管有多少家地产商来竞标，长江实业最大的对手就是置地公司。这当然是来源于它的实力，在香港中区它已经经营多年，地铁中环站面临"遮打大道"，而置地公司的创始人就叫保罗·遮打。由此可见，这条大道与置地的关系。隔着这条大道，对面就是置地的遮打花园广场。左右两翼是置地的"置地广场"和"康乐广场"，还有置地的数十座大厦耸立于附近，香港中区简直就是"置地公司"的天下。

但是，置地的组织架构让李嘉诚发现了它的弱点。置地公司的大班，也就是它的CEO叫纽璧坚，他是一个长期服务在洋行的华人，凭借几十年的努力升到了这个位置，难免小心谨慎。而置地的创始人和最大股东是杰姆·凯瑟克，凯瑟克目前的发展重点是海外，这就势必制约纽璧坚的注意力，令他很难全身心投入中环站和金钟站的项目上来。而争夺如此激烈的开发权，不允许有丝毫的分心，百分之百之外还要以加倍的注意力来审查每一个细节。而细节决定成败。

李嘉诚相信就细节而言，全神贯注的他，已经胜了分心二用的纽璧坚一筹。

投入这场争夺战的有30家地产公司,他们都使出了浑身解数,战局一开就硝烟弥漫。各路媒体也闻风而来,一家著名的英文媒体记者采访置地大班纽璧坚。纽璧坚信心满满地说:"投标的结果就是最后的答案",透露出其志在必得的自信,根本就没把偏居一隅的长江"小"实业放在眼里。

就当时的情况看,他也确实没有必要把长江实业放在眼里。在置地众多的广场、大厦包裹之下,两个区区的地铁站上盖开发怎么可能落到别人手中?何况置地年深日久,实力远超其他29家公司之和。

然而,不久一篇报道如巨石投进了平静的湖水,掀起了滔天巨浪,让所有人闻之色变。

1977年4月5日香港各报纷纷作出报道,香港地铁"中环"与"金钟"上盖开发花落谁家?

其中,《工商日报》报道:时值约2.4亿港元,为30个大财团争相竞投的中区地王——旧邮政总局地皮,卒为长江实业(集团)有限公司投得。

该报还说:据地下铁路公司透露,主要是长江投交的建议书内列举之条件,异常优厚而具有吸引力,终能脱颖而出，独得与地铁公司经营该地的发展权。

李嘉诚用知己知彼、避实就虚赢得了两个地王。

在所有人目瞪口呆还没有回过味来的时候，地铁公司董事局主席唐信就与李嘉诚签署了中环的上盖物业开发协议，并召开了新闻发布会。唐信在发布会上说："这座建筑物会逐层售予公众，利益由地铁和长江实业公司共同分享，地铁公司占大头。若干公司均对本公司合作感兴趣，因而竞争很是激烈，所有建议均经仔细研究，结果长江胜出，因其建议对本公司最具吸引力。"

这说明，李嘉诚的投标书是最对地铁公司心思的。而纽璧坚的置地，是否对这个心思，那就可想而知了。

强大得不可一世的"置地公司"败给了认真、周密做事的"长江实业"。

毫不夸张地说，李嘉诚是凭借一己之力，硬生生挤进了香港中区。这对于他和长江实业而言至关重要，是他的里程碑事件。从此，港媒有言：地产新秀李嘉诚，一鸣惊人，一飞冲天！

03 立足华人行

1978年5月,中环上盖取名"环球大厦",向香港公众招商发售。时值香港地产的高潮,开盘后8小时内全部售出。8月,金钟上盖取名"海富中心"开盘,当即创造了开盘一天销售的最好成绩。

这两个上盖的发售,现金回流之快,直接缓解了地铁公司的财政困难。地铁公司总管唐信对与长江的合作非常满意,他说:"中环、金钟地铁站上盖的地产发展,将为本公司二期、三期工程的上盖合作,树立样板。"

实际上,长江实业开发这两个地段的上盖工程所获利润低于地产业同期的平均利润。李嘉诚严格履行了协议的规定,只收了利润的49%。李嘉诚重信守诺的契约精神得到了业界良好的口碑,而且,李嘉诚和他的长江实业获得了金钱无法衡量的无形利益,那就是他们已经挺进中区,再也不是只能在偏僻地方盖房的地产公司,为在香港中区的继续拓展创造了有利条件。

回头再看，李嘉诚创造的"信誉"，真是比黄金还要贵重，甚至可以与生命同价。李嘉诚毕其一生打造了这个信誉品牌，给他带来的成功与效益也许他自己都无法估量。

他争得了中环和金钟，他让香港地铁获得了收益，背后支撑他的就是"信誉"。胜利到来之日，也是他的"信誉"被认可之时。

业界的众口皆碑，使一位观察他很久的人向他伸出了橄榄枝。这个人是谁呢？李嘉诚的"贵人"——沈弼，汇丰银行常务副主席。

一个人一生的成功，"贵人"十分重要。就如千里马与伯乐，没有贵人相助，成功会大打折扣，而有了"贵人"可能事半功倍。

在香港，沈弼有号"财神爷"。汇丰银行是香港最大的银行，有发行港元的权力。因此称它的常务副主席为"财神爷"，实则一点不过。

沈弼欣赏李嘉诚，李嘉诚也倾慕沈弼。进军中区，成功建设了"环球大厦"和"海富中心"之后，二人成了朋友。这首先来源于沈弼对这两处地铁上盖争夺战的注意，他曾经仔细研究了李嘉诚的投标意向书，非常欣赏李嘉诚的双赢意识。特别是关键点的让步，将 51% 的利润让给地铁公司，这是所有人想不到的。

而李嘉诚也对此有过解释：我想重要的是要顾及对方利益，不可为自己斤斤计较。对方无利，自己也就无利。要舍得让利使对方得利，这样，最终会为自己带来较大的利益。我母亲从小就教育我不要占小便宜，否则就没有朋友，我想经商的道理也该是这样。

也许正因这样的合作者让人放心，沈弼找到了李嘉诚。

那是一天下午，维多利亚港上空的阳光射进了沈弼宽大的办公室内，沈弼搅动手中的咖啡，透过落地式长窗对着中区鳞次栉比的大厦轻轻地问了一句：嘉诚，你对华人行有兴趣吗？

身边的李嘉诚也在搅动手中的咖啡，听到沈弼的问话，他手中一颤，咖啡难免飞溅。他急忙呷了一口后强压住心内的激动，波澜不惊地回答：当然！

也许，这就是朋友。既会替对方着想，守住边界和底线，又能够心有灵犀，提前预知对方的内心，与对方产生于内心的每一次闪光念头产生共振。

华人行，简单说它就是一座楼房。香港是洋行的天下，尤其是港岛中环，洋行林立。而华人即使是巨富，要想在这儿寻求一块立锥之地，也无方寸之土。20世纪初，一位地产商在中环觅得一块地，建立了一幢商业办公楼。进入该楼成为身份的象征，华人巨富纷纷不惜高价预订。而原先订购的外商，自己认为他们高于华人一等，不愿意与华人为伍。于是，他们纷纷退租，这幢商业办公楼最终成为华人集聚的办公场所，因此叫"华人行"，以区别于"洋行"。

1974年，这幢华人办公大厦的楼房产权落入了汇丰银行手中。由于香港高速发展，楼房建设日新月异。当年的华人行大厦，在众多林立的楼宇面前，已经破旧不堪，格外矮小。汇丰董事局已经做出了决定，拆除旧的华人行，建造新的商业办公楼。

沈弼似乎无意中的一句话，已经把一个彩球抛给了李嘉诚。尽管李嘉诚表面风平浪静，可内心早已翻江倒海。

沈弼也是波澜不惊，放下咖啡的同时说道："那好，拿一个你的方案来。"

李嘉诚完全明白，继打败置地，拿到中环和金钟的地铁上盖开发权之后，又一桩可以让长江实业冲击更高领域的机会来了。

据说，长江流经三峡，最惊险的莫过于崆岭滩。在崆岭滩有一块礁石，礁石巨大屹立于中流。船舶在长江航行要冲过崆岭滩，那块礁石就是鬼门关，上面赫然刻着三个大字"对我来"。有经验的船老大，手持竹篙，让船只飞流而下，到了礁石面前，千钧一发之际，竹篙向礁石一点，船身微微一侧与礁石擦身而过。那时机，那火候，绝来不得半点差池。

机会永远属于有准备的人，也永远属于能够抓住的人。这就是说，一件事看起来，有人踏准了节奏，一跃而跳龙门。外人会认为，机遇而已。其实这机遇岂是那么容易来的？既要有长期的准备，又要有灵机一动的准确反应。

李嘉诚和他的长江实业，长期以诚为本，以信为重，努力经营，赢得了良好的口碑和信誉，这就是他长期的准备。而机会到来，李嘉诚也绝不会手软，他一定会全力一搏。很快，他的方案交到了沈弼的案前。

果然，不出沈弼所料，李嘉诚的方案既照顾了汇丰的利益，也恪守了长江的底线。

沈弼不动声色地推掉了为华人行而来的其他地产商，单独与李嘉诚签订了协议，华人行由长江实业实施具体开发。

这可是件大事，等所有人明白过来的时候，长江实业与汇丰合作组成的华豪有限公司已经开始运营，新的华人行22层不锈钢玻璃大厦已经拔地而起。

1978年4月25日，这座24万平方英尺，温度、湿度、灯光、防火等设施全部由电脑控制的现代化办公楼及商铺全部落成。其风格集民族与现代为一体，落成之日，写字楼与商铺全部招商完成。

在落成典礼上，沈弼兴奋地说："旧华人行拆除后仅两年多一点的时间便兴建成功新的华人行大厦，这样的建筑速度及效率不仅在香港，在世界也堪称典范。本人参与汇丰银行事业30年，快捷的工作效率，诚实的商业信用永远受人称赞。今天，新华人行大厦就是香港的典范之一。"

在落成典礼之前的3月23日，一长串密封的货车开进皇后大道29号还没有启用的新华人行大厦。这是一个搬家的队伍，而搬家的自然是李嘉诚的长江实业有限公司总部。

至此，长江实业终于从偏僻的北角进入到繁华的香港中区——皇后大道中。在高楼环绕的中区，在大银行、大公司林立的中环，长江实业公司占据了一个令人炫目的位置，这也标志李嘉诚和他的长江实业已经更上一层楼。

04 庄月明

有了沈弼助力,实际上是有了汇丰的贷款,这让李嘉诚羽翼渐丰。然而,一个男子汉,仅仅有了事业还不够,他也应该有个完美的家庭。这个时候就不能不说说他青梅竹马的妻子,贤淑而聪明的大家闺秀,才华横溢的香港大学文学士,日本明治大学的留学生庄月明。

这名字很靓,很有寓意。而有意思的是,李嘉诚与庄月明的爱情长跑也真有点"守得云开见月明"的意思。从14岁李嘉诚进入香港,住进舅舅给的宅子后,兄妹二人相处20年,漫漫人生,终结连理。时间不可谓不长,云开月明不可谓不久远。

起初,小李嘉诚四岁的庄月明是李嘉诚的英语和粤语老师。刚刚进入香港的李嘉诚是一口的潮州话,而香港流行粤语和英语。

可后来,他们兄妹二人走上了相反的人生路。李嘉诚少年丧父,然后做茶楼伙计、修表匠、跑街推销员,在社会底层苦苦挣扎。而庄月明求学上进,由香港最著名的高中,升入香港大学获得文学士,后又去日本留学。一路春风,满是阳光与鲜花。

但这一切,都没有影响庄月明爱慕表哥的痴心。李嘉诚所具有的吃苦耐劳的本质,勤俭朴实的作风,聪明严谨的个性,以及他孜孜不倦追求未来的雄心壮志吸引着她。在庄月明眼里,表哥一定会出人头地,所有的艰难都是暂时的。不管是她东渡扶桑,求学日本,还是归国后,二人的联系从没中断。李嘉诚的勃勃雄心,一方面是他自己的追求,另一方面也是庄月明的鼓励和期盼。

后来,李嘉诚功成名就,而庄月明过早地撒手人寰之后李嘉诚曾经有过无数追求者,也有红颜知己,可他就是没有再娶。原因有一说,他一旦动心就会拿出一个小盒子,里面是他困难和创业之初,庄月明给他的一些钱、字据、文书等。

可见他们的恋情何等亲密。但二人都不愿意谈及往事,爱情之钥就深深地埋藏在心底。因此,香港媒体也没有用过多笔墨来形容二人的爱情长跑。

最初庄静庵大力反对。李嘉诚刚进入香港之时庄静庵就已经是香港大亨的钟表大王，虽然可以教育和支持外甥创业，可要是将自己的掌上明珠嫁给他，庄静庵可是一百个不愿意。毕竟穷富有别，学识有道。特别是庄月明学成之后，李嘉诚充其量只是中学毕业，两个人似乎天差地别。李嘉诚虽然刻苦自学，也是学富五车，但在香港，没有人承认这个。

于是，这段马拉松长跑甜蜜又充满艰辛。那一段时光，庄静庵没少给庄月明相亲。什么政府官员，富商子弟，留学精英。可惜，庄月明轻轻一挥手，根本不往心里去。这就没有办法了。尽管庄静庵财富上亿，可在这个自由港里，父母包办是想也不用想的事。何况，庄月明本身就是知识分子，时代青年。就是这个时候，欧洲代理商要李嘉诚找保人，李嘉诚找到庄静庵，却遭到了庄静庵的拒绝。其原因，大概就是因为这件事。

后来，没想到的是，李嘉诚的长江厂变长江工业，又变长江实业。春风化雨，长袖善舞，李嘉诚日甚一日，由一个普通的小老板，成为业界大亨，并且进驻中区，跻身香港众多大佬之中，而且，他才而立之年。另人不能不刮目相看。况且，庄月明守身不嫁，转眼三十有一，庄静庵岂能不慌？

于是，庄静庵找机会与亲姐姐庄碧琴一顿商量，同意了二人的婚事。

李嘉诚兴奋之余，大手一挥，花了63万港元，在深水湾道79号购得一幢漂亮的三层别墅，作为二人的新房。

1963年，二人携手步入婚姻殿堂。当婚礼主持人问道：李嘉诚，你愿意娶庄月明为妻吗？李嘉诚的声音震撼屋顶：愿意！而庄月明回答这个问题的时候，只是闪亮的瞳仁默默地注视着今天分外潇洒的表哥，轻启朱唇，吐出了发自肺腑的两个字：愿意！

霎时间，泪水围绕李嘉诚的眼圈打转，而晓得二人经历的人们为他们响起了雷鸣般的掌声。

后来，庄月明出任长江实业有限公司的执行董事，直接参与李嘉诚财团的经营和运作，凭借她的聪明才智，帮助李嘉诚做出了很多石破天惊的决定，用她的智慧和心血推动了长江实业的发展。

再后来，庄月明又给李嘉诚生了两个儿子，美满的婚姻和家庭成为李嘉诚稳定的大后方。

一位熟悉李家的人说：人们总是说地产巨头李嘉诚，如何以超人之术创立宏伟基业，而鲜有人言及他的贤内助及事业的鼎助人庄月明女士。我们很难想象，李嘉诚一生中若没有遇到庄月明,他的事业又会是怎样的情景?

然而,事情没有如果,李嘉诚偏就遇到了庄月明,二人就结成了连理。这就是事实,也就是李嘉诚的际遇。可没有他的努力和奋斗,有这际遇吗?一切都是相辅相成,一切都是顺理成章。

李嘉诚有了庄月明的辅助,进军中区,在林立的巨头间找到了自己的位置,又有了沈弼为朋友,似乎可以要风得风要雨得雨了。

但李嘉诚不这么想,香港虽然仅是弹丸之地,可它是远东的金融中心,中国的进出口集散地。有了塑胶和地产还远远不够,他必须拥有更多的产业,这样,才能成为真正的财团。

于是,他把眼光首先投向了码头。

如果说地球是个水球的话,一点儿也不为过。海洋是人们走向世界,通向未来的唯一通道。它是那样辽阔,它是那样浩瀚,万吨轮在它宽阔的怀里只不过是随时可能被浪涛淹没的一只铁瓢。正因为这一特质,海洋才是物流最为便捷的通道,一艘船可以让上万吨的货物进、出口。这是铁路与航空远远无法办到的。

香港是一个半岛,拥有一个码头就拥有了一个海洋的通道。

于是，在进驻华人行，成功立足中环之后，李嘉诚迫不及待地将目光投向了码头，投向了九龙仓。

九龙仓名为九龙仓，可它不是严格意义上的仓库。它是香港最大的货运港口，拥有深水码头，露天货场，还有货运仓库。它本身就是一家公司，而且是家上市公司。

九龙货仓有限公司的产业包括九龙尖沙咀、新界及港岛上的大部分码头、仓库，以及酒店、大厦、有轨电车和天星小轮，历史悠久，资产雄厚。可以说，谁掌握了九龙仓，谁就掌控了香港的大部分货物装卸、储运及过海轮渡。

但是，它只是怡和洋行的一个子公司。怡和、太古、和黄、会德丰，为香港四大洋行，屹立香港百年。

李嘉诚想将九龙仓收入囊中，在塑胶、地产之后，增加交通和物流还有服务业。那么，长江实业，真是闯过惊险莫及的三峡险滩了吗？

第四章

里程碑事件

01 识进退，慎抉择

引起李嘉诚兴趣的是一篇香港财经评论家的文章，这位评论家叫周祖贵，文章的名字叫《九龙仓业务开始蜕变》。文章指出：

九龙仓集团如果能充分利用其土地资源，未来10年可以出现年增长20%的良好势头。文章还预测，13.50元的九龙仓股票，将会是1978年的热门股。

然而现实是，九龙仓已经连续发行债券，股价暴跌。李嘉诚发现，事情就发生在这"如果"两字上。要想增长20%，前提是充分利用其土地资源。然而，九龙仓并没有充分利用好它的土地资源。这是李嘉诚研究的结论。那么，如果李嘉诚掌控了九龙仓，他就会充分利用土地资源，让九龙仓年增长20%。

九龙仓为什么没有利用好它的土地资源呢？这个集团有一个土地政策，那就是只租不售。现有的海港城、海洋中心大厦都是香港著名建筑，它又迁走货运业务中心，将原有地皮开发成商业大厦。这一切都在消耗它的自有资金，只租不售使它资金回流缓慢，出现财务危机。迫不得已发行大量债券，用债券套取现金。然而，这是恶性循环，债台高筑，必使信誉下降，股票连续下跌。

再看李嘉诚，他的长江实业上市之后，李嘉诚就在"租"与"售"上采取了极其灵活的战略。手头宽裕时，如果楼市不景气、楼价偏低，就做出租物业；如果楼市上涨，楼价看高，那就加快建房速度，大打销售牌，加速资金回流。

这正是李嘉诚的"老辣"之处，商场如战场，而战机无常，绝不能墨守成规，灵活机动才能决胜千里。

于是，李嘉诚对九龙仓进行了更加深入的研究。

李嘉诚是这样计算的：1977年末和1978年初，九龙仓股票为13—14元。九龙仓发行不到1亿股，也就是说，它的股票总市值还不到14亿港元。九龙仓处于九龙的黄金地段，这一地段按照官地拍卖落槌价，应该是每平方英尺6000—7000港元。这样，九龙仓股票每股的实际价格应该是50港元。这些地块，如果加上合理开发，其价值远非此数。也就是说，即使是高于现价5倍，买下九龙仓股票也绝不会亏。

研究好了，计算好了，李嘉诚绝对不会犹豫，他一出手就是2000万股。李嘉诚一下拥有了九龙仓20%的股权。

九龙仓是怡和的子公司。这其中还隔着一个"置地公司"。置地公司，是长江实业的老对手，在地铁站上盖争夺中李嘉诚赢了一局。而此刻，置地公司也只不过拥有九龙仓20%的股权。

这一切都是在不声不响中完成的。在置地公司不知不觉中，九龙仓有限公司的最大股东已经易主，这不但让置地公司大吃一惊，就连其母公司怡和洋行也被弄得不知所措。

然而，既然是"打仗"，那就没有必赢之局，任何风吹草动都有可能影响"战役"的最终走向。

股市的异动，九龙仓股票被暗暗吸纳，引起了许多人士的注意。特别是日夜盯在股市的评论家，他们连篇累牍的评论，使许多股市炒家纷纷介入，到了1978年3月，九龙仓股票已经是每股46元。

同时，李嘉诚入主董事局的路也并不平坦。按照《中华人民共和国公司法》，股东对公司的绝对控制权，必须持有50%以上的股份。否则，被收购方可以反收购。

九龙仓股票已经被炒高，将持股增至51%，绝不是李嘉诚的长江实业的实力所及。如果破釜沉舟，风险极大，也不是李嘉诚所能掌控的，这也是李嘉诚绝对不愿意看到的。

同时，怡和洋行与置地公司都发现了长江实业的动态，他们立刻调动资金，收购散户手中的九龙仓股票。他们一定要把股票增持到安全的地步，防备李嘉诚以得胜之兵进驻九龙仓。可是，此时的怡和洋行，已非昔日的怡和洋行，实力下降，力不从心。没有办法，他们向汇丰求救，惊动了沈弼。

沈弼找到了李嘉诚，一番倾心恳谈，李嘉诚得到了另外一则消息。这让他颇费思量，一时间，深水湾道79号的灯光彻夜不熄。究竟是谁做了他的参议，或者是他自己做出的决定，实在是无从查考。不过，李嘉诚深思熟虑后，果断放弃了九龙仓股票。

之后，一系列事情的发生，足见李嘉诚之精明绝非常人可比。

原来，沈弼是受他人之托，这个他人就是香港大名鼎鼎的包玉刚。包玉刚有世界船王之称，与沈弼私交甚密。他的强大运输船队，背后就是汇丰银行。此刻，他也看中了九龙仓。这是一个船王的独到眼光，但他与李嘉诚的想法产生了冲突。如果李嘉诚坚持购进九龙仓，第一是让沈弼丢了面子，第二是面临与包玉刚的争夺战。

李嘉诚决定退一步。

实际上这世界上的事大部分就两个字，一是"进"，二是"退"。大部分的人只知"进"，不知"退"。而退，却是更难的一件事。战场上最难的事不是胜利的追击，恰恰是失败后的撤退。李嘉诚却是说撤就撤了，这一撤把激战中的九龙仓扔给了包玉刚，人情卖给了沈弼。

《世界船王——包玉刚传》里，有一段非常传神的描述：

经过简短的寒暄，李嘉诚即开门见山地表达了，愿意把手中持有的九龙仓1000万股票转让给包玉刚。

转让？包玉刚想天上没有掉馅饼的好事。包玉刚低头稍加思索，便悟出了李嘉诚的精明之处，李嘉诚很清楚包玉刚的情况，知道他需要什么。于是，用包玉刚所需要的来换取自己所需要的。

从包玉刚来说，他一下子从李嘉诚手中接受1000万股九龙仓股票，再加上他原来所拥有的股票，他已经可以与怡和洋行进行公开竞购。如果收购成功，他就可以稳稳地控制资产雄厚的九龙仓。而从李嘉诚方面来说，他以10—30元的价格买的九龙仓股票，现在以三十多元脱手给包玉刚，一下子就获利数千万元。更重要的，他可以通过包玉刚搭桥，从汇丰银行那里接受和记黄埔的9000万股股票。一旦达到目的，李嘉诚就是和记黄埔的董事会主席。

这真是只有李嘉诚这样的脑袋才想出的绝桥（主意），包玉刚在心里不禁暗暗佩服这位比自己小，但精明过人的地产界新贵。

没有太多的解释，没有冗长的说明，更没有喋喋不休的讨价还价，两个同样精明的人一拍即合，秘密订下了一个同样精明的协议。

李嘉诚把手中1000万股九龙仓股票以三亿多的价钱，转让给包玉刚。

包玉刚协助李嘉诚从汇丰银行承接和记黄埔的9000万股股票。

事情到了这里，就不能不说说这个"和记黄埔"了！

02 收购和记黄埔

"和记黄埔"是一家洋行，也就是洋人开的公司。这家公司为什么叫"和记黄埔"？是因为它由两大部分组成，一部分是和记洋行，一部分是黄埔船坞。当时，这家"和记黄埔"是香港第二大洋人开的公司，也是香港十大财阀所控的最大上市公司。

从财力上看，和记黄埔总市值高达62亿港元。而现实的长江实业有限公司，充其量也就6.93亿港元。也就是说，李嘉诚的实力仅是"和记黄埔"的九分之一。

那么，李嘉诚为什么停止收购可以拿下的九龙仓，转向冲击高不可攀的"和记黄埔"呢？这里除了人情外，还有一系列的实际情况。其一，九龙仓是家族式企业，高度统一，他们必定和收购者展开殊死搏斗，鹿死谁手不好说。即使是真正达到目标，入主九龙仓，也必伤痕累累。就长江实业而言，可能损失过大。后来的事实，证实了李嘉诚的判断，战至最后的包玉刚，不得已以每股105港元收购九龙仓的股票才完成最后的冲刺，成为九龙仓的董事局主席。可见难度之大，以世界船王之势也是勉强成功。

其二，"和记黄埔"表面强大，实则已经是分崩离析，早已由于经营不善，被争夺各方割得七零八落。股东几经转手，从一个曾经的家族式企业已经变成合众企业。其中，最重要的股东是汇丰银行。与这样的企业交手，对方难以形成合力，容易采取策略，攻其不备，一战而下。特别是目前，汇丰掌控它的绝大部分股份，搞定汇丰基本上就算是搞定了"和记黄埔"。

其三，根据《中华人民共和国商业银行法》，银行不能从事非金融性业务，债权银行可以接受丧失还债能力的工商企业，一旦企业经营走向正常，必将其出售给原产权所有人或其他企业，而不是长期控有该企业。也就是说，汇丰银行早晚要出让它控制的股权。

这些事都在李嘉诚的心中，由于斜刺里杀出的包玉刚，这些事又产生了更大的变数。事情始料不及，又在意料之中，这就是李嘉诚突然转变态度，放弃已经占有优势的九龙仓争夺战的原因。

其实，"和记黄埔"这点事都在香港的所有华商、洋商的心中，他们没有不想得到这块"肥肉"的，只不过，最大股东是汇丰银行，无人敢与争锋，都在观望而已。

当时的"和记黄埔"董事会主席是韦理，他做过智囊，做过高参，可从来没有在一个巨型企业主政。加上原有的主政者经营不善，亏空过大，一时间，公司仍在惨淡之间，未见任何回春之迹象。而公司的控股结构也没有理顺，各股东意见常常不和，他们也在期盼有"明主"出现，力挽狂澜，摆脱危机。

所有这一切，似乎都在等待李嘉诚。而李嘉诚也适时出现，绝不手软地进军"和记黄埔"。

包玉刚与汇丰银行的关系那是绝对在李嘉诚之上，李嘉诚明白这一点，他双手拱让九龙仓的股份，素无往来的包玉刚岂能不懂他的意思？

所谓精英，就是他们都知道行为的边界，也都知道承让的原则。包玉刚接下李嘉诚九龙仓股票之时，就等于答应了他，反过来替他去游说沈弼。

那么沈弼是什么态度呢？虽然沈弼出面为包玉刚说情，让李嘉诚放弃九龙仓。可是，如果仅以为这点人情就可以使沈弼将"和记黄埔"9000万股票转让给李嘉诚，那也太小看了这个汇丰银行的常务副主席。

在这个位置上就如高山之巅，举足轻重之间，他如果仅以人情为标准，汇丰银行还能够存在吗？或者说，他还能在常务副主席这个位置上坐下去吗？

他的目的很简单，作为拥有"和记黄埔"最多股份的银行，他不会去售股套利，他只是希望执掌"和记黄埔"的人能把"和记黄埔"经营得更好。

而李嘉诚的确是一个合适的人选，这不仅是他将一家香港边角的小厂带到了香港中区，也不仅是他将一个破旧的长江塑胶厂带成了现在拥有塑胶和地产的上市公司，主要的是他特有的商人的精明，踏实可信的工作态度，以及纵横捭阖的能力。

在沈弼眼中，李嘉诚击败置地，是他的经营谋略，是他的城府和心机，也是他与人平利争取双赢的经商原则。这很高明，也是很多人洞悉不了的更高一层的商业奥秘。就如一辆普通的捷达车，与一辆豪华的奔驰车，乘坐的感觉、到达的地点、需要的时间都差不太多。可是，安全性、舒适性、可操控性是稍有差别，而这差别就是上百万的价值所在。

那么在商业经营中，许多规则是一样的，方式也是一样的。可如何灵活高超地运作？往往在交手的一瞬间就能体现出来，这一瞬间就是高手之间的差距，差距决定了层次，而层次决定了企业的命运。

比如这让利，既要对方满意，自己也要有底线。对方不满意，你的协议可能无法签署。洞穿自己底线，赢利何在？没有赢利，你的协议就失去了根本的意义。李嘉诚恰到好处地让利，既让地铁公司满意，自己又赚得盆满钵溢。这需要经营者的智慧，这智慧是沈弼所需要的，更是"和记黄埔"当时经营者最缺少的。

当然，包玉刚的游说也是必不可少的因素。世界船王何等的眼力？他能欣赏这个地产界的新秀，亲自出马为其游说，沈弼明白，李嘉诚已经深得包玉刚的赏识。

这时的李嘉诚，已经是香港众多富翁之一，长江实业傲立中环就是明证。可李嘉诚出门轻车简从，穿衣整洁简约，公众场合很少滔滔不绝，常是点到为止。与所有人的交往，言而有信，从不失言。

这里可以提到一件旧事，他做塑胶花的时候，一位曾经的老客户来找他。这个老客户，是他在原来的塑胶厂当推销员和经理时的老朋友。可是，他临辞别原来的塑胶厂时，对原来的老板有一个承诺，他说："将来我的产品可能和你的重复，但我绝不会用原来的客户发展我的业务。"当时他办的长江塑胶厂刚刚起步，非常需要客户的支持。但是，为了当初的诺言，李嘉诚谢绝了那位老客户。这在利益为先的香港商界，难能可贵，其品格可见一斑。

就是这样的李嘉诚，从来不缺魄力，说与置地公司一决高下，就敢竞争地铁上盖开发权；说拿下九龙仓，却又在关键时刻，甩手包玉刚。每一笔都是浓墨重彩，惊世骇俗。

因此，李嘉诚在沈弼眼里是最好的人选。如此天时、地利、人和，李嘉诚不接"和记黄埔"，谁还能接？

1979年9月23日夜，新华人行21楼长江实业总部会议室，灯火辉煌，座无虚席，记者手中的摄像机、照相机频频闪烁。步履稳健的李嘉诚走上主席台，环顾了一下鸦雀无声的记者席，清了一下喉咙，开口说道："在不影响长江实业原有业务基础上，本公司已经有了更大的突破——长江实业以每股 7.1 元的价格，购买了汇丰银行手中占 22.4% 的 9000 万普通股的'和记黄埔'有限公司股权。"

尽管这已经是透露出来的消息，可一经李嘉诚之口，仍然是立刻引来在场记者们惊涛骇浪般的掌声。

这是一记重锤，一件香港商界开天辟地的大事。李嘉诚从此以"李超人"闻名遐迩于港内外。

03 李超人

收购"和记黄埔"尘埃落定，原来的董事局主席韦理不服气地说："李嘉诚这等于用 2400 万美元为定金，而购得十多亿美元的资产。"

而且，这一切没有剑拔弩张、没有重锤出击、没有硝烟弥漫，在和风细雨、兵不血刃中一举而定。

李嘉诚与长江实业

在所有人的瞠目结舌中,李嘉诚听起来格外稳健的脚步声已经在"和记黄埔"董事局的走廊里响起。转身的刹那间,人们才在他的瞳仁里看到一道凛冽的目光。

1981年1月1日,李嘉诚正式成为"和记黄埔"董事局主席,成了第一个入主英资洋行的华人主席,他创造了历史。曾经是独立英资的"和记黄埔"公司,也从那一刻起,成为华人开创的长江实业有限公司的子公司。

万里长江,广纳细流,包容百川,已经是气吞万象!

再回头总结一下,"以和为贵""以退为进""以让为盈",这是多么朴实无华却又独具匠心的运作,简直堪称商战之经典。

事后,香港媒体竞相报道,纷纷不惜溢美之词。

先看《信报》:

"长江实业如此低价(暂时只付20%即1.278亿港元),便可控制如此庞大的公司,拥有如此庞大的资产,这次交易可算是李嘉诚先生的一次重大胜利……

购得这9000万股'和记黄埔'股票是长江实业上市后最成功的一次收购,较当年收购九龙仓计划更出色(动用较少的金钱，控制更多的资产），李嘉诚先生不仅是地产界的强人，亦成为股市炙手可热的人物。"

再看英国《泰晤士报》：

"近一年来，以航运巨子包玉刚和地产巨子李嘉诚为代表的华人财团，在香港商界重大兼并改组中，连连得分，使得香港的英资公司感到紧张。

众所周知，香港是英国的殖民地。然而，占香港人口绝大多数的仍是华人，掌握香港政权和经济命脉的英国人却是外来者。'二战'以来，尤其是六七十年代，华人的经济势力增长很快。

有强大的中国内地做靠山，这些华商新贵们如虎添翼，他们才会在商场与英商较量，以获取原属英商的更大经济利益，这使得英商分外不安。连世界闻名的怡和财团的大班大股东都有一种踏进雷区的感觉。英商莫不感叹世道的变化，同时，也不能不承认包玉刚、李嘉诚等华商，能与英国商界的优秀分子相提并论。"

其时，上下一片喝彩声。可李嘉诚的心是冷静的。

整个"和记黄埔"，以及整个"和记黄埔"的股东都在等待，等待这位雄心勃勃，收购下最大股份的新任执行董事，将会如何运作？怎么样将"和记黄埔"这艘已经搁浅的商业巨轮重新引向深海，引入未来的新航线？他们的目光冷峻、挑剔，也充满期待。

初入和记黄埔，李嘉诚凭借他占有的股权成为执行董事。由于他占有最多的股权，是实际上最大的股东。按照实力，他完全可以不顾董事局主席的意见，以"挟天子以令诸侯"的掌故号令和记黄埔。

没想到，在诸位董事的眼里，特别是韦理的眼里，李嘉诚这位实际的控股人并没有流露出一丝骄横之气，更谈不上跋扈。他不但婉拒了董事局给他的高额董事袍金，而且在对公司的考察和公务接待上的花费都是自掏腰包。董事会上更谈不上颐指气使，而是虚心听取各方面的意见，甚至对那些怀疑他的股东也平静对待，绝无指责。

李嘉诚的君子之风，首先征服了董事局的董事们，他们从心里佩服这个虽然大权在握却不露锋芒、绝无张扬之意的执行董事。因此，他们也认真地听取李嘉诚的考察意见和建议，特别是对于和记黄埔下一步的经营，董事们基本上支持了李嘉诚的提议。

原来的"和记黄埔"，实力雄厚，但战线过长。大肆并购许多公司，鼎盛期竟然高达360家。在岛内大兴土木，广积地块，建设了黄埔新村、大同新村、均益大厦等，一时间，似乎和记黄埔地产在遍地开花。

然而，食欲过盛，必然会消化不良。加上股市大灾、石油危机、地产滑坡，这使得包袱过重的"和记黄埔"的财政陷入泥淖，接连两个财政年度就亏损2亿元，这也是它们将股权质押给汇丰银行的主要原因。

李嘉诚寻找原因，分析病根，相应提出了经营措施，迅速扭转了"和记黄埔"的局面。他上任后的第一年，就给"和记黄埔"增收了1.01亿港元。而4年后，"和记黄埔"已经是纯利11.67亿港元，是他入主和记黄埔当年的5倍。

董事局里所有董事冷峻而挑剔的眼光没有了，换之以佩服和谦和的神色。而韦理也早就把董事局主席一职让出。

不战而屈人之兵为上策！

李嘉诚没有和任何董事相争，更没有和任何股东产生敌对情绪。他的谦虚恭和、精明运筹，最终征服了所有人。事实比任何夸夸其谈都有力量，于是，"李超人"的称号不胫而走。媒体报道，名人相传，美誉布满香港。可李嘉诚从来不置可否，对于手下人，他批评为主，不允许有人这样叫他。对于媒体，他也三缄其口，避而不谈。

终于，在1981年，李嘉诚正面谈了这个问题，述说了自己的看法：

在20岁前，事业上的成果百分之百靠双手勤劳换来，20—30岁，事业已有些小基础，那10年的成功，10%靠运气好，90%仍是由勤劳得来。之后，机会的比例也渐渐提高，到现在，运气已差不多要占3～4成了。

这里，李嘉诚一贯于他自谦的做法，不承认有什么超人，将成功归结于勤劳与运气。由此也可见他的品性如何！

而其他人怎么看李嘉诚呢？

鸿硕先生这样说：

李先生认为早期的勤奋，正是他储蓄资本的阶段坚持的信念，这也就是西方人士称为"第一桶金"的观念。

不过，在香港每天工作超过10小时，每星期工作7天的人，大约有10万人，为什么他们勤奋工作了数十年没有出人头地呢？

由此可见，李先生认为勤奋是成功的基础仍是自谦之词，幸运也只是一般人的错觉。从李嘉诚成功的过程看，他有眼光判别机会，然后持之以恒。而他看到机会就是一般人认为的"幸运"。许多人只有一生平淡，可能就是不能判别机会，或看到机会而畏缩不前，或当机会来临时缺少了"第一桶金"。也有人在机会来临时，因为斤斤计较目前少许损失，把好事变成坏事，错失良机。

这里说的"判别"，就是一种特质，然后就是持之以恒，这就是成功的原因。

简单点说，就是能够发现机会，并且紧紧抓住，这就是成功的秘诀。或许正是这样，无数次的判别机会，并且无数次地紧紧抓住了机会，就是"超人"的秘诀！

04 左右手

其实，李嘉诚不是超人，他就是普通人。不过，在普通人中间，他更勤奋，更聪明，更努力，更厚道，更有远见，更务实，更会待人而已。当初建长江厂，他可以又当爹又当妈，既管技术又管销售，事事包揽。可长江工业变成长江实业，并购和记黄埔以后，员工数万，项目众多，从塑胶、地产已经扩充为物流、仓储、船坞、公交、酒店等，李嘉诚就是有三头六臂也无法亲自去管理这个庞大的商业帝国。无疑，他必须要有一个团队。那么，他如何建立这个团队呢？先看李嘉诚的一段话：

长江取名基于长江不择细流的道理，因为你要有这样旷达的胸襟，然后你才可以容纳细流。没有小的支流，又怎能成为长江。

只有具有这样博大的胸襟，自己才不会那么骄傲，不会认为自己样样出众。承认其他人的长处，得到其他人的帮助，这便是古人说的"有容乃大"的道理。假如今日没有那么多人替我办事，我就算是有三头六臂，也没有办法应付那么多的事情。所以成就事业最关键的是要有人帮助你，乐意跟你工作，这就是我的哲学。

语言非常朴素，道理却非常深奥。这也是李嘉诚本人的写照，朴实无华却精明异常。有人"帮助"而且"乐意"，这就是驭下之术，这就是他建立团队的秘诀。其秘诀无非有三。

其一，重情厚义，宽以待人。

他有两个追随他多年的左右手，一个是盛颂声，另一个是周千和。前者为他管生产，后者为他管财务。十余年如一日，兢兢业业，忠心耿耿。李嘉诚也先后把他们安排在董事和副总经理的位置上，薪酬可想而知。后来，盛颂声全家移民加拿大，李嘉诚给了很多便利，亲自设宴送行，所有的举动都带有浓浓的人情味。许多人看在眼里，感动在心里，从心里赞颂老板的厚道。

一个长江厂，以塑胶花为主要产品。后来，塑胶花过时，利润很薄。可长江厂仍然坚持开工，有记者觉得奇怪，毕竟长江实业赚钱的项目很多，何必如此？李嘉诚却说："一家企业就像一个家庭，他们是企业的功臣，理应得到这样的待遇，现在他们老了，作为晚一辈，就该负起照顾他们的义务。"

原来，他是为了这些长江厂的老人有个生计。可当有人说:"李先生精神难能可贵,不少老板,待员工老了一脚踢开,你却不同,这批员工,过去靠你养活,现在厂没有了,你仍然把他们包下来。"

李嘉诚却这样回答:"千万不能这样说,老板养活员工,是旧式老板的观点,应该是员工养活老板、养活公司。"

这就是李嘉诚,所以他的团队很少有人离开。追随左右、始终如一的大有人在。

其二,与时俱进,不拘一格选人才。

从一个筲箕湾的小厂到进入中区的长江实业,再到吞下"和记黄埔",业务扩大无数倍的大型上市企业。显然,许多人跟不上形势,特别是上市之后,许多新的理念,新的方式,等待着复合型的新的管理人才。

这里首先要提到的是霍建宁,霍建宁毕业于香港大学,随后赴美深造。1979年学成回香港,业余进修,考取英联邦澳洲特许会计师资格。李嘉诚赏识他,任命他为公司的会计主任。后来,李嘉诚委任霍建宁为长江实业董事,两年后又提升他为副董事、总经理。那一年,霍建宁才35岁。

香港传媒称霍建宁为"浑身充满赚钱细胞的人",由此可见此人的金融知识何等丰厚。长江实业全系统的重大投资安排，股票发行，银行贷款，债券兑换等业务，都是由霍建宁策划或参与决策的。这些项目，每一项都是动辄数十亿的资金，亏与盈都在于决策人的眼光与胆识。由此可见，霍建宁在长江实业的地位以及在李嘉诚心目中的重量。

其次要提到的是另一个年轻人，他叫周年茂，是周千和的儿子。李嘉诚在周年茂的学生时代就把他派送至英国，专修法律。

他学成归国后，李嘉诚任命他为公司发言人，1983年他业绩卓越，因此被选为董事。1985年，周年茂被提升为董事总经理兼执行董事。其年才30出头，比霍建宁还要小。

周年茂任副总经理，主要是负责长江实业的地产发展。当时，茶果岭丽港城、蓝田汇景花园、鸭月利洲海怡半岛、天水围的嘉湖花园等大型住宅小区的发展，都是由他策划落实的。他干得非常出色，受到了公司上上下下一致的好评。

香港官地有拍卖制度，每至拍卖季，周年茂就会代替李嘉诚出现在拍卖会场。他西装革履，文质彬彬，一派书生意气。可是，面对决策与挑战，他却是大将风范，举止张弛有度，临阵不乱，该取、该舍一锤定音。媒体有评，绝对得"李超人"之真传，进退有据，取之有道。

111

有人管理财务，有人管理地产，那就得说一说，李嘉诚麾下的另一员女将了。她叫洪小莲，在20世纪60年代末就跟随李嘉诚，是他的秘书。后来，成为长江实业的董事。

洪小莲长相俊美，举止有度，待人热情，语言清晰。她主要负责长江楼宇的销售和情况汇总，事无巨细，几乎必由其亲力亲为。

长江实业总部，虽不到200人，却是一个超级商业帝国的总管部。每年为长江系统工作的人数以万计，资产市值高峰期达两千多亿港元，业务往来跨越大半个地球。大小事务、千头万绪，往往都要到洪小莲这儿汇总。她又是一个彻底的务实派，面试一名信差，会议所需的饮料，客户下榻的酒店这些具体事，她都要事必躬亲，争取做到无一漏洞。

这三个人组成了李嘉诚的长江实业的"三驾马车"，担负着不同的任务又向着同一个方向合力前行。

当然，在这"三驾马车"后，还有许多管理人员，构成了长江实业庞大而有效的管理层。

除此之外，还有其三，李嘉诚可以称为"客卿"的智囊团。他们不在长江实业任职，却与长江实业有千丝万缕的联系。这里首推李业广。

李业广是名高级律师，持有英联邦会计师执照，是一位华横溢的"两栖"专业人才，在香港声誉甚隆。在长江实业后来的扩张中，李业广着实出了不少力，用专业的财务和法律知识为李嘉诚解难释惑，解决了无数的实际问题。

还有杜辉廉，人称"证券专家"的英国人。他出身伦敦证券经纪行，后任惟高达证券公司驻香港代表。其间，他与李嘉诚结下不解之缘，成为朋友。

杜辉廉是人所共知的"李嘉诚股票经纪"，指导和参与了长江实业的多次股市收购战，负责长江实业和李嘉诚的股票买卖。

这些人凝聚在一起，为长江实业服务，这从侧面体现了李嘉诚的人格魅力。也说明了李嘉诚待人有方，驭下有术。《壹周刊》在《李嘉诚的左右手》一文中分析道：

"反观一些事业上没有像李嘉诚般飞黄腾达的富豪，倘若说他们有什么缺失的话，那往往就是不晓得任用人才，以致妨碍了企业的发展。环顾香港的上市公司，虽然很多公司资产值不少，但至今始终摆脱不了家族式的管理。"

经过李嘉诚的精心打造,长江实业完全采用现代企业的管理模式。马世民曾经说:"长江实业管理层既结合了老、中、青的优点,又兼具了中西方的色彩,是一套行之有效的管理模式。"

而说这话的马世民是谁呢?他是一个英国人,一个后来的中国企业"华为"的大当家任正非可以称之为老师的人,是一个与李嘉诚相交甚密,并且在长江实业的发展中起到举足轻重作用的人。

第五章

收购港灯之战

01 马世民

说说马世民吧！他是军人和商人的结合体，具有冒险家与金融家的双重特征，努力开拓又卓越进取，是既有前瞻性的目光，又可纵横捭阖的现代企业家。

如果说李嘉诚的长江实业管理团队除了老、中、青三结合的合理架构，还融合了中、西方的色彩，既有儒家的传统也受西方文明的熏陶。那么，这位马世民就是西方色彩的代表之一。或者说是最重要的代表，先看看他的履历：

1940年3月25日马世民生于英国莱斯特，是军人、商人、探险家。年轻时在法国外籍兵团服役，驻守阿尔及利亚。退役后,到远东经商,加入香港怡和洋行。先是推销空调与电梯,后来离开怡和,自己组建公司运筹商海。再后来,他成为"和记黄埔"的 CEO,与李嘉诚朝夕相处,左右一系列大手笔的运营操作。

他是李嘉诚最重要的幕僚,李嘉诚有这样一段话形容二人的关系。他说:"听着,世民,你不想做的,我们不做。我不愿意做的,我们也不做。只有当我们俩都想做一件事时,我们才去做。开车的人是我,而你坐在后座上,告诉我应该去哪儿!"

1984 年,李嘉诚收购了马世民的公司,请他到"和记黄埔"当董事和总经理。可见李嘉诚对他的赏识与倚重。

除了在商业方面的丰富知识之外,马世民还曾经在 60 岁时,在撒哈拉大沙漠徒步 254 公里。63 岁时,从南极大力湾启程,在无补给的情况下徒步 1.095 公里,最终抵达南极点。在他 72 岁时,华为总裁任正非到伦敦拜访他,在他的办公室里,马世民指着对面 500 多米的玻璃钢大厦说:"三天前,我刚从那上面拽一根绳子溜了下来。"

这就是英国人马世民,如果在金庸笔下,他就是活脱脱的一个"老顽童"。可他不是武林中人,浮沉商海,他的金融知识，战略眼光，过人胆识使他成为足以让人称道的企业家。

20世纪70年代末，李嘉诚时任长江实业的总裁，而马世民仅是"怡和洋行"的一名冷气机销售员。进入长江实业总部，这位英国人非要见李嘉诚。

他个头不高，花格衬衣外套了件马夹。让人印象深刻的是他的目光非常犀利，与他对视数秒的时间里会使人产生不自在的感觉，可随之一开口，他的亲和力又让人感觉亲近许多。

"李总，听说您属龙？"握住李嘉诚的手，马世民线条分明的下颌颤动了一下，脸上浮起笑容。那一刻，瞳仁里也似乎溢出笑纹。

虽然这都是李嘉诚曾经用过的招数，不过，对面是一位金发碧眼的英国人，这让李嘉诚心中暗暗吃惊。与此同时，一种莫名的好感在他心中升起。他同样微笑着，挥了一下手："请坐，茶还是咖啡？"

马世民微笑回答："谢谢李总，我们都是龙的传人，还是茶吧！"

一番寒暄，马世民按照中国的属相算，他也属龙。只不过比李嘉诚正好小了一旬，马世民双手一拱："大哥！"

李嘉诚感到更加奇怪,这位洋人竟然懂得我们东方的传统礼节。而且,他知道我也属龙,看起来没少下工夫。再加上马世民为见李嘉诚已经足足等了数个小时,李嘉诚在这个英国人面前似乎找到了自己当年的影子。于是,他颇有兴趣地与马世民攀谈起来。

在这之后,李嘉诚与马世民成了朋友。这个英国人让李嘉诚刮目相看,他不但对于商业与销售触类旁通,知识非常广博,而且,他心底的那份倔强与勇敢的精神在鏖战商场的企业家中是难能可贵的。

后来,马世民与他人合伙成立了一家公司,1984年,李嘉诚的一个部下受命打电话给马世民,李嘉诚与马世民见面,李嘉诚购下了他的公司,而且任命他为刚刚到手的"和记黄埔"的董事和总经理。

马世民认为,只有让人自愿跟从的领导才是真正的领袖。他说:"领导人需要知识渊博,高瞻远瞩,勇敢有魄力,清楚知道自己前进的方向。"他说的就是李嘉诚。

马世民这个名字是他给自己起的中文名字,进入香港,拿到任何一张交易账单,他都要认真研究它的成交过程,怎样经过银行系统的处理?慢慢地他熟悉了生意场上的所有流程，而且，极其聪明的他，触类旁通、举一反三，很快地纵横商海。

他还有这样一段故事，也许可以帮助我们更好地认识这位传奇人物。

1990年，中国长征三号火箭将"亚洲一号"卫星精准送入预定轨道，这是中国首次完成国际商业发射服务，拉开了中国火箭进入世界市场的序幕。

可很少有人知道，马世民是这件事的背后推手之一。

这颗卫星有其不凡的身世，其前身是美国休斯公司设计的一颗地球静止轨道通信卫星。1984年2月由"挑战者号"航天飞机携带进入太空，脱离飞机后，卫星上的近地点发动机没有按预定计划点火，发射失败。承保的劳合社赔付了7500万美元保费，同时获得卫星所有权。

幸运的是，地面跟踪站监测到了卫星的具体位置，发现其状况良好，劳合社测算费用后觉得经济划算，于是向休斯公司和美国宇航局支付了275万美元，由他们回收。1984年11月，"发现号"航天飞机飞到距卫星9米的地方，两名宇航员走出机舱，用了6个多小时，引导航天飞机的机械手将卫星抓回货舱。返程后将卫星送到休斯公司，专家组彻底检查，于1985年4月向劳合社提交了翻新检修及重新发射的建议。

劳合社以5000万美元将卫星卖给美国特雷公司，但特雷公司后来破产，卫星重回劳合社。直到后来，亚洲卫星购买了该卫星，将其更名为"亚洲一号"，有关技术参数也根据覆盖亚洲的要求重新调整和更新，最后由中国长城工业总公司的长征三号火箭完成发射。

马世民是当时"和记黄埔"的董事总经理，也是亚洲卫星公司的联席主席，他要说服美国政府同意让中国低成本参与火箭发射招标，这有利于美国卖出更多卫星，他要说服"巴统"（对社会主义国家实行禁运和贸易限制的国际组织正式名称是"输出管制统筹委员会"）同意让中国发射，他要说服中国政府同意让美国海军陆战队全程押运卫星进入中国。

这将是一件开创性的大事件，尤其发生在1989年、1990年。奇迹最终发生，中信集团做了大量工作，而时任亚洲卫星公司的联席主席的马世民负起了主要责任，可见他的能力不凡。

任正非曾经为马世民的自传作序，他说：对于今天快速发展的中国来说，马世民对当代青年人是一个非常好的榜样。对我来说,他是一位实实在在的老师。我不知道他在全世界有多少产业,如何分配时间的,值得我学习的还多得很。

马世民的这本书名叫《马世民的战地日记》,这本书有一个赫然而醒目的副标题——从悍将到企业巨人。

02 收购港灯

李嘉诚收购英资的香港电灯有限公司被称为华资进军英资的四大战役之一。

在香港,由于它殖民地的属性,英资向来居首,掌控香港的经济命脉。香港主要的大公司(香港人称为洋行)全部都在英国人手里。仅就香港供电而言,两大电力公司,一个是香港电灯,一个是中华电力,前者保罗·遮打(Paul Cheter)为发起人,由英资控股。后者是英籍犹太家族嘉道理(Kadoorie Family)所控股。

20世纪70年代,华商崛起,相继向英商控制的领域发起冲击。包玉刚收购九龙仓、会德卡，李嘉诚收购和记黄埔都是当时震惊香港乃至英国的举动。

港灯属于能源领域，长期为香港城市供电，香港政府也非常重视，出台了"鼓励用电的收费制"，主要是鼓励人们用电，用的电越多越便宜。可以说，香港电灯有限公司是一家稳赚不赔的公司，只要人们用电，它就有滚滚而来的利润。

马世民刚刚进入和记黄埔，他向李嘉诚建议：开发更多项目，容纳更多细流，让长江实业更加丰满。

的确，长江实业所经营的领域，能源是一项空白。而能源是现代工业和人们生活必不可少的物资。就如人们必须吃饭一样，生活必须消耗能源。掌控能源是企业的长远目标，也是现实利益。无论从哪个方面看，这都是非常重要的一步棋。其实，李嘉诚何尝没有看到这一点。长江实业吞并和记黄埔，增加了许多新的运营项目，可地产仍然是主体。这是一项传统行业，并不是朝阳行业。虽然两个人都看好港灯的前途，但作为"开车者"的李嘉诚并没有急躁、盲动。他还在观察，研究，等待，等待最恰当的时机，等待对方可能出现的弱点与危机。

那么，对方是谁呢？原来还是老对手——置地公司。

置地公司也看中了港灯公司，同为商界中人，他们也完全明白港灯的稳定收入是多么重要。而且，财大气粗的置地公司一出手就让人叹为观止，使人无法与之匹敌。1982年4月，经过长期准备，调集大量"银弹"的置地公司突然出手了。香港股市霎时间硝烟弥漫，置地公司准备充足的"银弹"雨点般落下，先是以6.13港元的高价收购了港灯2.22亿的股份。

就在所有人目瞪口呆之际，港灯股价借此东风，扶摇而上。置地公司却在9.4港元的位置设立了自己的极限，收购了1200万认证股后，停止了"银弹"的进一步狂轰滥炸。

硝烟散尽，人们却惊讶地发现，长江实业的阵地上竟然是一枪没放。

原来，人们曾经估计，就港灯这块肥肉来说，绝对不是一个人想吃，很可能是长江实业、佳宁等实力雄厚的公司争相角逐，鹿死谁手，一定是非常惨烈的一战。可惜，结果让人大跌眼镜，李嘉诚竟然按兵不动。那佳宁由于实力不及，也没有跟风。收购港灯一战，变成了置地公司的独角戏。

可置地公司根本不在乎，他们为胜券在握而兴高采烈。至于，因此而欠下的大量债务和借下的银行贷款，都将会在香港只涨不降的地价中收回。因为，与此同时他们拿下了香港最高地价的"中环地王"，准备开发"交易广场"。

可是，实际上置地公司已经因此背负160亿港元债务。那么作为一家老牌的地产公司，强大的怡和系遮打家族能不知道其中的风险吗？

所谓"时移势转"，那是对不同的人有不同的解读。对于置地而言，那是盛势转颓势。而对于李嘉诚的长江实业而言，那是他等待已久的良机。

当然，如果说置地拿下港灯时，李嘉诚就预见了这样的结局，那是有些牵强。毕竟预料明天是最难的一件事，何况当时没有任何症候，否则，历经风雨的遮打家族也不会那么轻易地做出决定。

但李嘉诚做事谋定后动，时刻关注政治形势，是他长久以来的经验与做法。

他与马世民交往，让马世民来做和记黄埔的大班，也是因为马世民在怡和待过，对怡和很了解，以便在这场争夺战中知己知彼。

地产顷刻崩盘，建好的楼宇有价无市，欠银行的巨额贷款不仅无法偿还，而且，仅利息每天就是一座楼盘。

1983年度，置地公司出现13亿元的亏损，影响到整个怡和系统，当年财政盈利下跌80%。情况严峻，已经到了难以承受的地步，怡和集团一片愁云惨雾。

怡和的大股东凯瑟克向置地总裁兴师问罪，没有办法，置地董事局主席纽璧坚（Newbigging）引咎辞职，黯然离去。

西门·凯瑟克（Simon Keswick）被家族任命为香港怡和与置地公司董事局主席，这位大英帝国的贵族子弟受命于危难之中，他能否扭转置地公司的被动局面呢？因为，他接下的怡和与置地，不仅是主席宝座，还有巨大的银行债务。除非他有点石成金的本事，否则，他想开展多元化业务，重整旗鼓，再创辉煌，恐怕难题不少。

其实，在马世民的极力劝说下，李嘉诚一刻也没有停止对港灯的关注。可他为什么按兵不动呢？原因是置地火力太猛，他不想火中取栗。而在置地陷入困境，凯瑟克家族问罪纽璧坚，他可以出手接下港灯时，他仍然没有行动。

马世民感到不解，李嘉诚却告诉他，他不想让当了8年董事局主席，服务怡和30年的纽璧坚过于难堪。怡和在他的手中已经失去了九龙仓，又让他失去港灯，这会让纽璧坚的业绩过于惨淡。

李嘉诚相信"烽火必会消弭于杯酒之间"，因为，他已经判定，置地出售港灯是早晚的事。置地公司已经没有第二条路可走，哪怕是它换上了西门·凯瑟克。

　　当然，李嘉诚对这位西门·凯瑟克也没少研究。这位贵少 1962 年加入怡和公司，先期在海外分公司任职。1982 年初，西门调往香港，同年出任怡和常务董事。在此期间，他说服其他董事，频频向纽璧坚发难。这使纽璧坚左右为难，特别是地产崩盘之后，纽璧坚只能选择引咎辞职一条路。而西门也如愿以偿地坐上了怡和与置地公司的主席宝座。

　　想再次击败置地，从他的手中拿到港灯。李嘉诚不得不把他的目光凝聚在这位刚过不惑之年的英国人身上。

03 西门·凯瑟克

　　西门，1942 年出生于英国温彻斯特市。少年时进入全英著名的伊顿公学读书，毕业后进入世界名校剑桥三一学院。面对这座全世界学子都梦寐以求的名校，毕业时西门突发奇想，亲自策划了一场闹剧。他躺进一具棺材里，让同学们抬着走出校门。用这样一出别出心裁、难以想象的葬礼，来永别剑桥大学。

西门如此的玩世不恭，让他的父亲暴跳如雷，可又无可奈何。

后来，西门辗转各地，参与家族的企业管理，也算得上是历经沧桑。进入香港，成为怡和的常务董事，应该说已非昨日之纨绔少年。而在纽璧坚离职之后，让他来接任香港公司的总裁，应该说也是家族对他的信任，同时也说明，他已经具有了某种能力。可是，一种固有的禀性是否因为这些经历而消磨殆尽呢？

西门当上总裁，立刻着手清理资产，想缓解债务危机，重振怡和。他出台了一个"自救及偿还贷款"的一揽子计划，这计划的核心就是出售海外的部分资产以及在港的非核心业务。

在香港，怡和的核心业务就是房地产。而置地公司是旗舰公司，绝对属于核心地位。但目前看，置地又是欠债的大户。要想摆脱这种被动的形势，还清银行贷款，重新扬帆起航，必须出售它的非核心资产，于是，出售港灯就被纳上了日程。

其实，在纽璧坚任职的时候，李嘉诚就向他提出收购港灯的建议。可当时，被纽璧坚拒绝了。此刻，出售港灯没有比李嘉诚更好的接手人选，也没有比长江实业更有实力接收的企业。

在西门的心里，李嘉诚对港灯志在必得，因此，他放出风去，坐等李嘉诚上门。可是，一切静得出奇，就如战场上即将交战之前的万籁俱寂，让人恐惧。

西门躁动不安，如果卖不出港灯，他的计划就要破产。拿什么挽救他的置地？而置地不保，他还没坐热的董事局主席宝座，还有资格坐下去吗？

想到这儿，西门倒吸一口冷气。他抓起电话，迟疑半天，终于还是放下电话，派出一名助理立刻前往皇后大道中的长江实业总部。

香港电灯有限公司享有专利，在供给香港市民电力方面，他人无法竞争。应该说它是一个旱涝保收的企业，每年有稳稳的利润奉上。要不是置地欠债太多，港灯的收入面对债务实在是九牛一毛无法弥补。否则，西门也绝不想割爱港灯。

而李嘉诚什么态度呢？他说："我们不像买古董，没有非买不可的心理。"

正是这种心理，让他稳坐钓鱼台，等待西门的特使前来。

其实，也不然，李嘉诚和马世民认真分析了置地的形势，认真研究了西门的心理与特点，他们采取以逸待劳之策。因为，置地的高额债务，根本没有办法偿还，只有一条路，将港灯售出。这也是因为港灯比较优质，好售好卖。而西门挤走纽璧坚，新进怡和董事会主席，他有急欲建功的心理。解决置地债务，摆脱怡和的困境是他当务之急。除了这些因素之外，那就是目前的香港，只有长江实业有实力、有魄力来收购港灯。

长江实业已经敞开了大门，中堂上坐着李嘉诚，一侧是军师马世民，他们就等着西门的到来。果然，在他们预料的时刻，西门助理的脚步声传来。门卫通报：怡和大班西门·凯瑟克的代表前来拜访李主席。

李嘉诚和马世民相视一笑，轻轻说了一个字："请。"

当时的香港《信报月刊》作了这样一段报道：

1985年1月21日（星期一），傍晚7时，中环很多办公室已人去楼空。街上人潮及车龙亦早已散去，不过，置地公司的主脑仍为高筑的债台伤透脑筋。派员前往长江实业兼和记黄埔公司主席李嘉诚的办公室，商计转让港灯股权问题。大约16小时之后，和记黄埔决定斥资29亿港元收购置地持有的34.6%的港灯股权。这是中英会谈结束后，香港股市首宗大规模收购事件。

事后，马世民这样描述李嘉诚："李嘉诚综合了中式和欧美经商方面的优点，一如欧美商人，李嘉诚全面分析了收购目标，然后握一握手就落实了交易，这又是东方式的经商方式，干脆利落。一共花了16小时，而其中8个小时是花在研究建议方面。"

他称赞李嘉诚既有西方商人的慎重也有东方商人的豪爽气概，既聪明干练，又简单大气。

当西门接到电话，称港灯交易已经达成。尽管夜深，他仍然是扔下电话听筒，长出了一口气，以手加额，连续拍击。

他感到旗开得胜，在香港怡和公司董事局主席这个宝座上仍然有坐下去的资格。

李嘉诚说到做到，在置地手中购买港灯股权共计29亿港元，按照协议，交款时间是 2 月 23 日之前结清。而李嘉诚在 2 月 1 日就提前交付了西门满额的现金支票，这让西门十分感动，毕竟这是商场，29 亿港元每天的利息就是一笔巨大的数额。西门也算讲究，他立刻将可能出现的 1200 万港元利息送往长江实业。李嘉诚点点头，暗暗赞许这位英国人的绅士风度。他只留下了 400 万港元，将其余 800 万港元送还置地。经此一战，西门·凯瑟克不仅佩服华商李嘉诚的经商之道，更敬佩他的为人之宽。

港灯转手落到了实处，这一转卖的背景，我们不要忘记了《信报月刊》的报道中提到的：这是中英会谈之后，首宗大规模收购事件。

这一大背景告诉人们，李嘉诚的决心多大，他对香港前景的预测在什么方向。由于李嘉诚和长江实业在香港的影响力，这一收购案为稳定香港人心，稳定香港经济起到了什么作用？每个人都会有自己的评价。

当初置地购入港灯是以比市价高 31% 的溢价盘进，现在李嘉诚以"和记黄埔"的名义用每股 6.4 港元购进（前一天市价为每股 7.4 元）。举手之间，战绩非常漂亮。从此，和记黄埔占有港灯 34.6% 的股权，成为绝对控股人。李嘉诚当即任命马世民为港灯董事会主席,全面主持经营香港电灯有限公司。

长江实业的业务也早已从房地产扩充到电信、货柜码头、零售、供电还有能源。

1986年1月,和记黄埔集团市值从1979年收购时的62亿港元,上升到141.5亿港元。同期,控股母公司长江实业的市值为77亿港元。和记黄埔集团市值近两倍于母公司,成为长江实业系的主舰。1979年,李嘉诚从汇丰手中以每股7.1港元购入22%的和记黄埔股权,共付出6亿多港元。1989年和记黄埔纯利30.5亿港元,共获利60.8亿港元,相当于购价的10倍。

这期间,在马世民的运营下,港灯将非电力的业务分拆上市,成立嘉宏国际集团公司。并从和记黄埔公司手中购入港灯23.5%的股权,成为港灯集团的控股母公司,马世民出任嘉宏公司的董事会主席。

正是在马世民的领导运营下,长江实业系的"和记黄埔"才做出了如此骄人的成绩。李嘉诚运筹帷幄,马世民管理有方,二人相得益彰相辅相成将长江实业集团的事业推向了更高的层次。

04 拍卖场

香港的土地是拍卖制,而且是真正的拍卖。拍卖行是专业的人士,举锤喊一次、两次,再喊三次,然后目光一扫,锤落"成交"。其架势,也是一个战场。调动千万钞票,成败一瞬之间。主将看似波澜不惊,其实心中也是波涛翻滚。那是几百万、几千万乃至上亿的真金白银。掷出去拿得回来吗?间不容发,顷刻间就要决断,否则,那边还有人等着。

因此,拍卖场之战绝对是真金白银的对垒。顷刻间的杀伐决断的确是可以看出一个人的智慧、勇气与力量。

古人有言"每临大事有静气",其意是,静气为修养、为气质、为境界、为智慧。遇到大事,只有内心安静才能冷静思考,正确判断,平和处事,坦然地面对各种挑战。

身处人心浮躁的拍卖场,能拥有一种大智若愚的静气十分重要,也是取胜的关键。

有些人在拍卖场上像赌徒一样叫板,尤其当拍卖会上价格升温,逐渐要达到高潮时,有些竞标者因为心中的不甘和强烈的自尊心，一时间把利益抛在了脑后，企图以竞标价格来压倒对手。其结果，无非逞一时之快，得到的必定是一块烫手的山芋。

李嘉诚曾经这样说："在土地拍卖场上绝对不能表现出竞标古董的态度，一定要学会循序渐进。"

因为这两种竞标有本质的区别，他是这样解释的："很多时候古董很少，甚至在全世界也仅此一份，所以在竞标的时候基本上都是根据自己拥有的资金实力来出价的。但是在土地拍卖场上，不必过于执着地收购某一家企业或是某一个地块。因为竞标者能够选择的项目是很多的，即使没有获得这一块土地，还可以竞标另一块，总之最终的目的是利用土地来赚取利润。"

这才是真正的商人，什么时候他都不会忘记赢利是第一目标。

1987年11月27日，政府拍卖位于九龙湾附近总面积大约2.19万平方米的一个地块。李嘉诚带着助手坐进了拍卖场，他的入座让所有人情不自禁地向他的方向扫了一眼。只见李嘉诚面无表情，眼镜后面是漠然的眼神，无人知道他今天会有什么举动。

拍卖开始,底价为2亿港元,每一竞标价为500万港元。拍卖师锤落,拍卖开始。李嘉诚抬了一个阶,紧接着有人又喊了一口,价格迅速上升到2亿1千万。

拍卖师声音宏亮,大厅里回旋着他出自丹田的声响:"两亿一千万第一次……"

现场在座的几乎全是香港地产界大亨,几个人交头接耳,议论纷纷。

拍卖师又一声喊:"2亿1千万第二次……"

突然,一个角落飞出:"2亿1千500万!"

众人回头一看,正是和合公司董事长胡应湘。所有人几乎都抽了一口冷气。胡应湘绝对的科班出身,普林斯顿大学土木工程系毕业,是建筑业的天之骄子。在香港组建合和公司,在地产业干得风生水起。他能看上这块地块,自然是心里盘算好了,开发什么楼盘,盖什么样的房子,会赚取多少利润。所有人都相信他是胸有成竹,这极大地激起了参与拍卖的人更大的兴趣。

李嘉诚回头向胡应湘那儿扫了一眼,微微一笑。胡应湘也向他微微一笑,表示会意。二人多次合作,胡应湘也曾经用他的专业知识帮助过李嘉诚。

眼光收回，李嘉诚手一举，声震屋宇："3亿！"

这一开口，拍卖价格就被他推上了8个台阶。众人面面相觑，议论声如浪潮一样响起，拍卖师喊了数嗓，声音依然一浪高过一浪。只听在这声浪中，胡应湘那边一声喝："3亿3千500万！"

所有的声音立刻停止，仿佛一石投进湖水，"咕咚"一声，反而沉静下来。

稍停，拍卖师又像唱歌一样的声音响起："3亿3千500万第一次……"

众人这才回过神来，李嘉诚和胡应湘这两个地产狂人，今天如此竞标，可见，这个地块一定利益不菲。有人跟进，数额在渐次提高。

这时，李嘉诚的助手周年茂与胡应湘的助手何炳章坐到了一起，二人谈笑风生，不时低头交流。由于现场气氛已经热烈，没有谁来注意这二人。

在一些地产大亨的哄抬下，价格很快升到了四亿。

拍卖师拿起手帕擦了一下头上的汗，手中的锤在空中点了点，目光横扫大厅，最后落在了李嘉诚身上。那意思好像是说：李先生，你要是不争，这事可就定了。

随着他的目光，所有人的目光也都落在了李嘉诚的身上。只见他伸手扶了一下眼镜，手一举，声音字字清晰："4亿9千500万！"

"哇噻！"

所有人齐刷刷地又将头回向拍卖师，拍卖师显然也有点兴奋，太刺激了。2亿到4亿9千500万，比开盘的标价多出一倍还要多。

也许，他的心里也明白，这个价格无人争锋。于是，他手中抓起已经被汗水湿得稍滑的锤柄，大声："4亿9千500万，第一次……第二次……第三次！"

手起锤落间，发出"当"的一声。大厅里又一次开了锅般，有人已经向李嘉诚伸出了手，祝贺之词还没有说出来。李嘉诚已经站起，他说："这块土地是我和胡应湘先生共同合作而竞得的，我们决定将这块土地合理有效加以利用，计划在这块土地上修建一座全球性的商业展览馆。"

所有人颓然坐下，是不是修建商业展览馆已经不重要了。关键是他与胡应湘共同合作这个词，让所有人目瞪口呆，不禁在心中暗暗伸出了大拇指，太机智的竞标策略！

当时的香港对于李嘉诚在拍卖场的表现有很多报道，其至称他为"擎天一指",说他的手一指如擎天一般,可声压同僚决胜千里。这当然是媒体的渲染之词,但其背后,不能不说李嘉诚的过人之处,那就是处变不惊,临时变阵,稳操胜券,拥有大将之风,熟知运筹之智。

当李嘉诚带领他的长江小厂,一路走来,成为今天的长江实业,就如流出冰川下的一泓小溪,已经成为江汉大地,浩瀚的万里长江一样。其中的辛苦、艰难,付出的努力、汗水,以及本人的大智大勇,岂是一两件事所能展现的?又岂是一两句话能说得清的?

没有人可以轻言成功。

成功的人除了付出辛苦之外,他自身肯定也有着非同寻常之处。他的智慧,绝对不仅仅是一个机遇所能讲明的。拍卖场上的李嘉诚,看似气定神闲,可发自丹田的一喝,本身包含了多少个不眠之夜的研究分析,多少时光收集的资料和多少年的经验累积?

我们从这里,兴许可以体验到一二……

第六章

股市纵横

01 长实上市

股市，又称股票市场。顾名思义，是专门买卖股票的市场。

1602年，荷兰人在阿姆斯特河大桥上做东印度公司的股票买卖，这是全世界股票市场的雏形。正规的股票市场出现在美国，人们在一个固定的场合，俗称证券交易所，进行股票的买卖与交易。

香港作为远东贸易中心、金融中心，最初其证券交易所有四个，1986年四家合并为香港证券交易所。

虽然香港一隅之地，但由于它特殊的地位，香港股市容量很大,许多企业都在这儿上市。

对绝大部分企业来说,"上市"是其追求的一个目标。因为,上市可以获得更多的资金。资金对于企业而言是血液,没有血液的流通,企业将会死亡。上市的企业将会直接从股市获取资金的渠道。它在这里销售的是企业的未来,只要这个企业被公众看好,未来潜力巨大,其股票的升值也是大概率事件。由于股票的翻倍,企业将会获得大量的资金,而有了资金就有了企业的未来。这是良性循环,用未来买未来。当然,也有透支的。未来不清晰或者潜力消逝,股票下跌,对企业也是灾难式的影响,甚至可以导致公司的倒闭。

持股者是公司合法的股东,股东的份额达到一定比例,就可入主董事局,更可以控股为董事局主席。由于公司是股份制,参股者将享受公司的红利。

除了企业本身的业绩之外,政治和许多其他因素也会对股份的升跌产生影响。股市里的风云变幻是很难预料的,常有正在高涨的时刻,突然出现大幅度的跳水,形成股灾。因此,也有一说,称股市为冒险家和投机者的乐园。这种说法虽然充满贬义,可也是从另一侧面对股市风险的诠释。

其实正如这大千世界一样，每一片树叶都是不同的。智者、仁者，各有见地。对于冒险，有人认为这是对于自我的突破，是对于极限的挑战。正因为这星球上有一个又一个的探险家，许多新的领域才会被人类发现。冒险不是鲁莽，不是追求风险而无所准备。比如马世民的极地徒步行，事先要有各种预案，对面临的环境和气候等要有详细的考察，对于自己的装备也要有应对各种突发事件的准备，甚至详尽到一把瑞士军刀。因此，只有准备充足的冒险才叫冒险，也是对人生准备充足的挑战。

1972年11月1日，长江实业在香港证交所主板挂牌上市。股本规定是2亿港元，每股2港元，溢价1港元，共计3港元，在市场发行4200万股。

长江实业的这一举动事先经过精心策划，选择了香港股市上涨的时段，可称"骑牛上市"。李嘉诚事先就找好了两家包销商，一家是"宝源财务"，另一家是"获多利财务"。当时的交易场所还是四家，两家包销商在四家同时面对股民销售。

由于长江实业长期以来的信誉和业绩已经为香港市民所了解，加上媒体的造势，上市不到24小时，认购额就超过了发行额的65倍还多。

由于发行的火爆，包销商乐不可支，忙得不亦乐乎。为了发行顺利，他们只好采取了抽签的办法来应对抢购的股民。上市首日，长江实业股票升幅100%，即6港元收盘。这也意味着长江实业发行的股票市值当日就涨了一倍，这让长江实业的职工和管理层欣喜若狂。

李嘉诚的妻子庄月明被任命为上市所长江实业的执行董事，面对这一局面，两个人有同样的认识。香港股市在上升期，许多股票都在上涨，而有的股票比长江实业涨得还要高。因此，这是正常现象，不必过于兴奋。而且，二人共识，股票升值如此之快，如果贬值也就是一瞬间的事。

自从长江实业上市日起，李嘉诚的心情就没有轻松过，股市的任何风吹草动都牵动着他的心。让长江实业股票稳定，给股东以回报，就成了李嘉诚的任务之一。

1973年，在新鸿基证券投资公司的引荐下，长江实业以英国证券公司为财务顾问和包销商在英国伦敦正式挂牌上市，开始了海外融资之路。

这些源源不断的财源，有效壮大了长江实业的实力，有了资金就有了血液，一个公司就有了抵抗风险、扩大发展的动力。

1974年6月，经过长期的运作，长江实业公司的股票在加拿大挂牌上市。

对于香港企业界而言，这是一个重大的消息，足以震惊业界。因为，香港是英国的殖民地，在伦敦上市并不困难，而在北美的加拿大上市，这说明了长江实业的影响已经到达北美，代表李嘉诚的长江实业集团已经立足海外。

当时，马世民还没有到位，李嘉诚主要依靠周千和为他打理财务，许多股市经营都由李嘉诚亲自掌管和过问。

可以说，当时的长江实业，有两个主战场，一个是地产，另一个就是股市。在这两条战线上，李嘉诚亲自挂帅，运筹帷幄，决胜千里，地产连连获胜。股市上，李嘉诚也绝不手软，他每天工作量巨大，除了依靠团队收集资料，研究上市公司的行情、背后的运作模式和他们的管理团队，甚至包括董事局首脑的性格、工作方法等。而且，他还研究国内外的政治局势，他认为任何经济活动都离不开政治的影响，特别是政府采取的政策，都会直接反映到股市中。

他是敏感的，也是沉稳的，在香港经历的几次政治风暴中，他都有自己独到的见解，绝不见风使舵，也不固执己见，总是用自己冷静的、惊人的思考来得到与众不同的答案。

香港是弹丸之地，又是大陆进出口的转换基地；是英帝国孤悬于中国南方的一块殖民地，又是中国内地向外开放的窗口。它很脆弱，又很坚实，由于它有特殊的地位和用途，也由于其他种种原因，它成为远东的金融中心。对于李嘉诚一手建立的商业帝国，香港给他提供了特殊的发展机遇，李嘉诚一点儿也没浪费。

中国的道家有这样一句话"静若处子，动若脱兔"，意指一个人的沉稳与果断，静静地观察，稳稳地等待时机，一旦有了机会，迅速出动，猝不及防中拿下自己觊觎已久的目标。

静是智慧，动是勇气。这一静一动之间，其实是对当事者极大的考验。特别是每日风云变幻的股市，给了你杀伐决断的机会，也给了你成功与失败的可能。

李嘉诚在股市中，不仅要驾驭长江实业这艘大船，让它稳稳航行。他还要利用股市给他的机会，纵横捭阖，击败对手，并购其他公司，壮大长江实业。

香港股市和其他股市一样，时刻风云陡变，让人在极大的风险中经历人生的大起大落。特别是由于香港的特殊地位，股市的振荡是常态。综观李嘉诚在股市的表现，大部分是成功的运作，似乎他每一次都有幸运之神的眷顾。不管是潮涨潮落，李嘉诚稳于泰山，总会在这一起一落间，举重若轻得让你叹为观止。他像一位非常优秀的冲浪选手，每一次都会乘浪而来，又每一次都会巧妙地躲开巨浪的拍击。

1972年长江实业上市时，总市值不到2亿港元。到1990年，18年间，长江实业公司市值增加了180倍。

02 以小搏大

纵观长江实业集团的发展与壮大的历史，其实就是地产借助股市杠杆疯狂扩大的历史。以小搏大，层层控股，气吞万象，连下坚城。就如长江，在湍急的三峡中，翻滚博弈，连闯险滩，直达江汉一样。没有一点儿"冒险"的精神，长江实业还真就不可能取得如此发展。

长江实业"骑牛上市"以后，在股市的狂欢中，李嘉诚与庄月明保持着一份冷静。股市赚钱，他们就投资地产。一年间，长江实业用从股市赚来的钱，购置了大量地块。因此当1973年，香港股灾降临，股票一落千丈的时候，许多公司因此而破产，这也包括他的好友胡应湘的合和实业。

其实，当年那场令港人记忆犹新的大股灾就是从合和实业开始的。1973年3月9日，香港股市达到了它历史的顶点，就在人们为此而狂欢的时刻，市场上竟然发现了合和的假股票。当局立案，警察调查，一时间人心惶惶，股市出现了抛售狂潮。仿佛是一夜之间，香港恒生指数从1774.96狂泻不止，当日跌去百点。就在人们认为这只是暂时现象，一切都会过去时，恒生指数却在跌跌停停中，一路下行。终于恐慌全面蔓延开来，在人们目瞪口呆之际，转过年来，恒生指数竟然跌到了150点左右的位置。跌幅高达91%。一片断垣残壁中，香港经济也遭到重挫，地产、楼市的市值全面下跌。

在这场股灾中，长江实业的损失算是最小。李嘉诚将股市收益几乎全部变成了地产，虽然地产也同样下挫，可留得青山在不怕没柴烧。李嘉诚依然看好香港的发展前景，他相信冬天过去就是春天，就香港而言，房地产的发展高潮远没有到来。

静卧之中，1975年2月，股市终于回暖。可是，记忆尚在。人们从"宁可不要钞票也要股票"中醒来，已经是"谈股色变"。证交所门可罗雀，人们悔之不及的就是股票。

在这样的时刻，李嘉诚凭借他特殊的经济嗅觉感受到一股春天的气息。他安排长江实业发行2000万新股，每股作价3.4港元。由于股市的低迷，李嘉诚用免除两年股息的方法，自己掌控了这些新股。

从那时起，香港股市果然迎来了自己的黄金十年，一路飙升。李嘉诚由此获得的实利，远远超过放弃的两年股息。

20世纪70年代中期，长江实业与华润共组巍城公司开发天水围，并以巍城名义发行股票。当时股权分配为：华润占51%、胡忠家族的大宝地产占25%，长江实业占12.5%，还有会德丰5%，其他占6.5%。

由于李嘉诚当时忙于收购"和记黄埔"，未参与天水围开发的策划。整个计划及运营全部由华润主持，可华润公司尽管财大气粗，却对香港具体情况缺乏了解。1982年，香港政府动用22亿港元，收回了天水围488公顷土地。将其中40公顷作价8亿港元批给巍城公司，并规定在12年内，完成价值14.58亿港元以上的建筑，并负责清理318公顷土地交付港府做土地储备。如达不到要求，则土地及 8 亿港元充公。另外，香港政府还于 1983 年底宣布，计划投资 40 亿港元用于市政工程，其中整理地盘工程 16.2 亿港元，基本建设 9.6 亿港元。共 25.8 亿港元的工程批给巍城承包，并保证 15% 的利润。

这无疑是带有"惩罚性的决议"，对于华润在天水围兴建 50 万人口的小镇城市计划将无法完成。

由此，许多股东萌生退意，想方设法退出该计划。

李嘉诚收购"和记黄埔"成功，转过头来注视天水围。他一点儿也不沮丧，相反，他看到了天水围的发展远景。他不慌不忙，慢慢地收购其他股东迫不及待想要抛出的股票。到了 1988 年，李嘉诚已经获得了巍城公司 49% 的股权，成为与华润并列的两大股东，也就是说，巍城已经由华润与长江实业共同拥有，排除了其他股东。

1988 年 12 月，长江实业与华润达成协议。主要条款如下：

长江实业保证在天水围的开发中，华润可获纯利 7.52 亿港元，并即付 3/4，也就是 5.64 亿港元于华润。

如将来楼宇售价超过协议范围，其超额盈利由长江实业与华润共享，华润可占 51%。

今后，天水围的发展计划及销售工作均由长江实业负责，费用由长江实业支付，在收入中扣回。

从这些条款可以看出，李嘉诚已经把天水围的开发独自承担起来。

当时，离香港政府规定的12年限期已经过去一半。完成这么浩大的工程，风险由长江实业承担，华润坐收渔利。

李嘉诚当然明白这其中的风险，但他胸有成竹地签下了协议，华润转身离开，李嘉诚的长江实业站在了风口浪尖。

结果，天水围的嘉湖山庄，分成七期全部如期完成。完成后的天水围工程，华润获利颇丰，而李嘉诚的长江实业，有业内人士估计获利不会少于70亿港元。

这是李嘉诚准确判断，在股票低迷期购进，然后操作成功的案例之一。

1989年香港股市一度低迷，李嘉诚认为是暂时性的低迷。1991年9月，李嘉诚以13亿港元购入一家中资集团19%的股权。稍后，此财团收购了香港历史悠久的大商行"恒昌"。4个月后，这个财团大股东"中信泰富"向财团的其他股东发起全面收购，李嘉诚见出价较高，便把手中的股权售出，总价为15亿多港元。就在这短短的几个月时间里，李嘉诚一进一出，净赚 2 亿多港元。

除了低进之外，李嘉诚还有高抛。

20 世纪 80 年代，香港股市经历了黄金十年后，仍然是逐步攀升。1987 年又一次步入狂热，2 月 18 日，恒生指数突破 2800 点。10 月 1 日，升至 3950 点，达到历史峰值。牛气冲天的股市，正是售股集资的大好机会。

李嘉诚预计到如此高的股市可能崩盘，但不可能是年前。于是，1987 年 9 月 14 日，李嘉诚宣布，长实系四大公司：长江实业、和记黄埔、嘉宏国际、香港电灯将发行新股，集资 103 亿港元。这是香港证券史上最大的一次融资行动，融资的目的，李嘉诚说三个月后宣布。

由于股市内外的形势，长实系的发行新股受到热捧。李嘉诚与五家证券经纪公司达成协议，由其全面包销。

计划达成，10 月 19 日却发生了谁也预料不到的一幕。远在地球另一端的华尔街股市当日狂跌 508 点，由于时差，香港在次日受到影响。次日，香港恒指暴跌 420 点。

如果这一幕发生在 9 时前，包销商可以引用"不可抗拒"条款退出包销供股计划。可惜的是，该计划在 10 时开市前已经得以顺利通过。包销商必须面对所应负的责任风险。

李嘉诚不仅集资成功，而且，躲过了股市突然暴跌的风险。

股市起伏不止，风险依旧。可是，李嘉诚的每一次进出，似乎都把准了股市的脉搏，既避开了风险，又获得了利润。

03 稳定股市

随着长江实业实力的剧增，李嘉诚已经成为香港股市最重要的一股力量。

面对狂风暴雨般的下跌，香港恒生指数一片愁云惨雾，谁也不知道明天开盘是怎么一个局面。那些巧舌如簧的股评家们集体失声，所有的股票持有者全部慌了手脚。抛出就得割肉，继续持有结果会是什么？谁也不知道。

这个时候，李嘉诚向香港证监会提出了一个"稳定股市"的方案。

这个方案的主要内容就是准备运用 15 亿到 20 亿港元的资金，在香港股市吸纳长实系四个上市公司流通于市面上的散股。就是动用这一大笔钱,来购买散户手中长实系四大公司的股票。由于资金巨大,如果连续收购长实系股票,势必拉高长实股指,带动大盘,达到"稳定股市"的目的。

证监会规定,控股35%以上的股东,如果再购买增加股权超过35%,就必须全面收购。

李嘉诚实际已经控股长实系35%,再在市场上收购散户股票,就超过了证监会规定的上限。而李嘉诚目前想要全面收购,实力还不允许。因此,他向证监会提出的方案,需要证监会给出"特例",允许他收购自己旗下的散户股票。

李嘉诚给出的理由相当充分,他说:此举的目的是希望看到本港股市的经济不要太多波动,希望能稳定下来。并且,一再声明,绝非为个人利益,完全是为本港大局着想。

这个理由确实合理,而股票一日三跌的形势又似乎为这一理由提供了更多的支持。焦头烂额的证监会急忙开会讨论李嘉诚的建议。

可讨论的结果是否决!因为香港要维持其法治社会的宗旨,不会轻易改变已经执行的条文规定。

李嘉诚并不因此而罢休,他多次去港府申述自己的理由。而每况愈下的恒生指数似乎也是在告诉证监会,李嘉诚的建议是对的。

经过反复商讨，证监会的收购与合并委员会接纳了李嘉诚的"救市建议"，暂时取消了"有关人士购入属下公司股份超过 35% 的临界点，就必须全面收购"的条例。

消息传来，李嘉诚十分高兴，他相信自己旗下这四大公司的实力，更相信它们的发展远景。收购散户手中股票，可增加他持股的份额，在长实未来的发展中他将占有更多的利润。

可是，美中不足，出乎李嘉诚意料的是，证监会增加了一条补充规定：所购入的超过上限的股票，必须在一年内售出。而且，每天要公布详情。

这一条规定让李嘉诚大失所望，可没有办法，说出的话泼出的水。何况，所有的程序已经启动。

此次香港股灾是受美国华尔街股市暴跌的影响所致。根据经验，这个规模的股灾是很难在一年内恢复的。

根据证监会这一条补充规定，李嘉诚购得的股票必须在年底前抛出。既然是必须抛出，那么股价多少就不在规定之中。如果年底香港股市不能恢复元气，李嘉诚必定赔钱！

李嘉诚当然能看到这其中的风险，他也对这一规定非常不满。认为，这是"措施矛盾""难消危机"。

某报章发表评论说："李嘉诚原想酿的美酒变成了苦酒，现在不得不喝下去——李嘉诚购买了数亿股票。"

除了这家报纸，许多业内人士也有共同的看法。素有超人之名的李嘉诚这一次必是折戟沉沙。按照惯例，股灾之后，股市将会有两三年的低迷。

然而，世事难料，何况一日三变的股市？

解铃还须系铃人，当年年底，华尔街股市带头上冲，紧接着英国伦敦，香港恒生，全部上扬。一时间，在人们惊讶之间，股票的牛市行情似乎卷土重来。到了1988年4月14日，恒生指数报收2684点。这一点位已经接近于1987年年初的水平，股市新的行情似乎在酝酿之中。

在证监会给他的一年时间里，李嘉诚按照规定抛出了他增购的长江实业股票。结果不但没有赔钱，反而有小赚。所谓"小赚"，也是几千万的港元。

有人说，这是命运之神的眷顾。可李嘉诚从不失手，命运之神或许能眷顾一次、两次，岂能常来常往乎？

马世民会见《财富》记者，他这样评价李嘉诚："李嘉诚是一位最纯粹的投资家，是一位买进东西最终是要把它卖出去的投资家。"

这句评价道出了李嘉诚可以纵横股市的缘由就在于他是投资家。

在股市里永远有两种人,一种是投资家,另一种是投机家。这两者虽然只是一字之差,可区别很大。

投资家看好有潜质的股票,作为长线投资。既可逢高抛出,又可坐享常年红利,股息虽然不算很高,可持久稳定。投机家热衷于短线投资,借暴涨暴跌之势,牟取暴利。这样,必然有人可一夜暴富,也必有人一朝破产。

这是心态,也是手段,更是目的。

在股市里翻船的人从来不缺,也从来不乏后继之人。没有几个人会吸取教训,只要股市翻红,股指上升,很多人的心里就会跃跃欲试产生想法。而股指高扬,又有几个不想再高一点,捏住股票不撒手呢?结果,一朝狂跌,什么都来不及。

1987年,李嘉诚采纳马世民的建议,在半个小时内投资了3.72亿美元,购买了英国电报无线电公司的5%的股权。李嘉诚判断,这是一只可以长期保留的明星股。可是,3年后,这只股票迅速拉升。李嘉诚一点儿也没犹豫,立刻又以购进时的速度，全部抛出。当时，净赚一亿美元。

一位经济评论家这样说："若在20世纪80年代初，李嘉诚投资一间公司，就要将其控股，并做它的主席。从80年代末起，他已鲜有大规模收购计划，较偏重于股票投资。他的集团委实太庞大了，他的精力智力都不够应付同时管理多间大型公司。他只有透过债券股票投资，利用富有进取心的商家为他赚钱生利。虽不如自己投资自己经营获利大，却比较省力。"

从这位评论家的评论中，我们可以看出，一段时间里，股市成为李嘉诚的主战场。让人惊讶的是他从没失手，即使是数次股灾，李嘉诚几乎也是全身而退。

这除了说明李嘉诚本身的良好素质之外，再也找不到其他理由。虽然，他不是"超人"，但绝对是普通人中的强者。庞大的财富积累绝对不是单纯的幸运所致，那是他长期努力，积累知识、经验，以及他所具有的智慧、胆略、勇气的结果。

04 私有化

企业一旦成为上市公司，它就成为理所当然的公众公司。因为他发行的股票被大众购买，大众自然成了它的股东，由大众参股，上市公司就成了公众公司。

所谓"私有化"，就是大股东从小股东手中购买所有的股份，然后从股市摘牌退市，将本来是公众的公司变成私有的公司。

私有化的目的当然是独资控股，没有了众股东和证监会监督制约，独资人可以拥有自己独立决断的权力。李嘉诚也是为了这一点，他先后对长实系三家上市公司进行了私有化。这三家公司是"国际城市""青洲英泥""嘉宏国际"。

按照惯例，上市骑牛，退市找熊。大股东利用熊市，低价收购小股东手中股票，在私有化过程中节约资金，而节约也就是赚钱。

李嘉诚在这一过程中，却有点与众不同。

第一家"国际城市"的私有化是在1985年10月开始实施。

这次私有化,李嘉诚出价1.1港元,较当时上扬的股市市价还要高出一成。同时,亦比该公司上市时的发行价高出0.1港元。这使得众多小股东大喜过望,纷纷接受收购,"国际城市"的私有化如期完成。

1984年,由于中英关于香港前途问题草签协议,香港股市回暖,股指开始上扬。

可以说,李嘉诚如果早一两年实施这家公司的私有化,肯定会少花不少的钱。

于是,有人议论:"超人是人不是神,玩股老手李嘉诚第一次私有化就走眼。"这些话传到李嘉诚的耳中,他不以为然,摇手说:"我们不是没想过,但趁淡市以太低的价钱收购,对小股东来说不公平。"

可以看得出来,在股市斩获颇丰的李嘉诚不是没有发现商机,而是考虑到小股东的利益,宁可多花点钱,也希望曾经一路跟随的小股东不至于吃亏。显现了"超人"除了赚钱的智慧之外,还有做人善良、真诚的另一面。

1988年10月,长实公司宣布了另一项私有化的计划,全面收购"青洲英泥"股票。当时的长江实业已经控有"青洲英泥"46%的股权,开价20港元一股,从小股东手中收购。当时"青洲英泥"的市值17.7港元,也就是说,李嘉诚开价又比市价高出13%。

由于价格合理,充分考虑了小股东的权益,至12月30日收购截止时,长江实业顺利完成了全面收购。将"青洲英泥"纳入麾下成为合资的子公司,并在香港股市成功摘牌。

第三家上市公司"嘉宏国际"的情况比较复杂,私有化进程也出现了很多波折。

嘉宏实力雄厚,远非上两家可比。在长实系,它是四大上市公司之一,当时是由长实旗下的"和记黄埔"出面,收购"香港电灯"后,根据马世民的建议,将港灯的非电力业务拆开,另组的一家公司。这家公司上市的时候,是由和记黄埔控股嘉宏国际的,和记黄埔控股53.8%,而嘉宏国际又控股港灯23%的股权。

嘉宏国际的综合资产净值为44.57亿港元,1992年中,市值为155.09亿港元。

1991年2月,由"和记黄埔"出面宣布将"嘉宏国际"收归私有,共涉资金118亿港元,被舆论称为本港有史以来最大的一次私有化收购。由于当时"和记黄埔"已经拥有"嘉宏国际"65.28%的股权,由此,实际上动用41亿港元便可完成收购。

当时,收购的理由是:嘉宏国际的盈利能力有限,而且,其业务与长江实业、和记黄埔重叠。和记黄埔开价为4.1港元,并且声称绝不会提高收购价格。如果有人愿意出5港元收购,他们可以考虑销出。

业界对嘉宏国际资产有过评估,认为,嘉宏国际的每股价值5港元至6港元。如果以目前价位,即4.1港元,显然是肥了大股东,而有损小股东的利益。

于是,在4月10日嘉宏国际召开的股东会议上,小股东的代表强烈质询:嘉宏国际公司在1991年公布的1990年度业绩盈利状况相当不错。全年13.16亿港元的盈利比上一年度增幅达29%。因此,怎么能说盈利能力有限呢?同时,小股东还指出:嘉宏国际控股的香港电灯市值正处于上升期,每月都在攀升。这也会造成嘉宏国际的业绩增高,非常有益于嘉宏国际的进一步发展。

于是,小股东一片抗议之声,表示强烈反对。嘉宏国际私有化的计划在这一片鼓噪声中以不足1/4的支持而没有通过，终至流产。

业界也有反响，普遍认为：收购价偏低，收购方对嘉宏国际的评估和实际业绩相去甚远。远不及1987年"嘉宏国际"上市时的4.3港元水平。李嘉诚素来关注小股东利益，而这一次和记黄埔的收购建议对小股东照顾不够，显然有失长实系一贯作风。

这一次私有化的失败，也有其他深层次的原因。比如，有传言一家英国的基金会曾经趁机吸纳嘉宏国际股票。这也从另一侧面说明，嘉宏国际的股票还是有吸引力的，4.1港元的定价属实偏低。再就是马世民错误地说出，绝不提高收购价，无视市场的反馈，让小股东失望。最主要的还是嘉宏国际前景不错，小股东又面临收购的"苛刻"，因此，他们不愿意抛出手中的股票。

按照香港证监会的规定，私有化失败，一年之内不得再提私有化的建议。

李嘉诚吸取了教训，与马世民再度协商，决定在一年后，即1992年5月27日，再度提出"嘉宏国际"私有化的建议。

这次建议还是由"和记黄埔"出面，开价5.5港元，比停牌前的收盘价高出 32%，共涉及资金 58.38 亿港元。

李嘉诚当即表态：私有化的目的在于简化机构。

7 月 10 日，嘉宏国际召开股东代表大会。该私有化建议以 96.7% 的赞成票通过，这一赞成票数远远高过了需要的票数。可见，价格是比较合理，既保全了大股东的自身利益，也顾及了小股东的利益。

这次私有化，和记黄埔以 5.5 港元的价格收购了小股东 36.6% 的股权，实际动用资金 50.84 亿港元。

至此，长实系完成了自己旗下的三次私有化进程。在香港股市，长实系保留了长江实业、和记黄埔、香港电灯三大上市公司，总市值仍然是香港所有财团的首席。

至此，李嘉诚远非昔日之"塑胶花大王"，他一手地产，一手股票，连战连捷，稳坐港区首富。

商人谋利是无可指责的，即使超人李嘉诚也概莫能外。他不谋利，经商意义何来？难能可贵的是，李嘉诚既为自己谋利，又最终照顾了小股东的利益，并能使对方心服口服。这种平衡术是许多人学不来的。其原因，也是心里的那一个情怀，一种境界。

从这一点来说，也许，"超人"是准确的诠释。

人生注定是会遇到许多棘手之事，甚至是剑拔弩张的局面。巨大的利益面前李嘉诚都能够处波澜而不惊，以握手言和为结局，这绝对不是普通人可以办到的。在香港商界，甚至是在更多的地方，待人处事能像李嘉诚的实在也是不多。

第七章

拓展　布局　未来

01 新的领域

长江，冲出三峡犹如冲出瓶颈。广袤的江汉平原，怎么能阻挡它"苍茫万顷连"呢？那气势、那风采、那水鸟飞腾之处……

20世纪80年代末，长江实业经过吞和记黄埔，收香港电灯，以及适当私有化的几场战役，已经稳坐香港财团头把交椅。李嘉诚"超人"的名字，已经威震海内外。

其长实系下，除了地产外已经涉足了很多领域，但有一项让李嘉诚觉得远远不够。特别是马世民当上了和黄大班，以及收购香港电灯之后，二人商议，这世界最主要的商品应该非能源莫属。不管是在工业领域还是在民生领域，没有能源是不可想象的。而能源作为商品，市场广阔，消费又源源不断。这一过程，必将给经营的商家带来滚滚财源。

可香港恰恰是一个能源不足的半岛，于是，李嘉诚将目光放向了矿产资源丰富、能源同样丰富、拥有广袤国土的遥远的北美地区加拿大。

当年，塑胶花大王因为塑胶花的销售曾经在北美开拓市场，取得了加拿大和美国企业的支持。更主要的是，李嘉诚优良的商人品格受到了加拿大帝国商业银行的青睐。也许，天意早就开始垂青这位华人巨商。

远在1977年，李嘉诚就投资温哥华，购买了土地和物业。1981年，投资7亿港元收购温哥华和多伦多两地的港口物业。另投6亿港元，收购了多伦多的希尔顿大酒店。

1981年，李嘉诚在加拿大帝国商业银行的支持下，以32亿港元买下温哥华世博会会址204英亩土地。

1988年，李嘉诚携手香港新世界发展主席郑裕彤、恒基产业主席李兆基，在加拿大成立了协和太平洋公司，重点开发加拿大世界博览会旧址，最终建成温哥华万博豪园。

然而，所有的这一切，与李嘉诚投资赫斯基石油公司相比，都是小儿科。李嘉诚最得意之作就是收购加拿大赫斯基石油公司，因为，这一举措给长江实业集团带来的利润以及长远效益无法计算。

所有的能源与石油都不能比肩。时至近代，从地下喷溅而出的轻质原油，曾经让沙特一夜暴富般地站到世界财富之巅，制造的是财富的神话，也是近代人生活的神奇变化。

石油不仅是能源、是燃料，更是重要的工业原料。从出行，到居住和衣着，石油与人们生活密不可分。在商品领域，它也特立独行，日益显出它作为人们必须消费的商品特质。

在经济市场中的供、需两端，需求旺盛，供应自然提高，可提高的结果，往往带来需求饱和，再好的商品也会掉价。

石油也是如此，自从中东发现这个地球上最好的油田之后，开始大规模石油开采，让地下的原油如河流般流向能源市场。于是，市场上原油大幅降价。仅20世纪70年代就经历了两次石油价格危机，最低曾经是11美元一桶。这一价格直逼开采成本，让人对油田噤若寒蝉。

就是在这一背景下，李嘉诚来到了加拿大，并且在加拿大帝国商业银行的撮合下，"伸手"赫斯基能源公司。

1986年12月，李嘉诚由马世民协助，通过"和记黄埔"

斥资32亿港元，收购赫斯基能源公司52%的股权。

当时的大环境的确不好，中东与美国交恶，石油价格连续下跌。这家加拿大的石油公司也因为石油价格低于开采成本而连续亏损。该公司为此背上了沉重的债务。李嘉诚此举被业界嘲笑，香港商人中大多数看不懂李嘉诚的这一次跨国投资，认为李超人也有走眼、掉脚的时候。

难道稳重于李嘉诚也会如众人议论的那样，要走麦城吗？其实他的这一大手笔运作是经过深思熟虑的，只不过他看问题的视角格外独到、与众不同而已。

在他的眼中，加拿大是一个各种条件都非常稳定的地区，抗干扰能力较强。在这里投资，其他因素的风险要小。而石油的价格下跌只是暂时的，世界工业和汽车工业的飞速发展一定会拉动石油消费，使其价格重回合理区段。在这一收购过程中，参与的除了加拿大帝国商业银行外，对方的赫斯基总裁也是李嘉诚的朋友。这使他的收购少了很多麻烦，也增加了许多透明度。

除了这些外部条件，李嘉诚的长实系，经过港内运作，已经实力大增。将目光投向海外，完成更大的布局，已经是长江实业的战略需要，他不能不为。

鉴于以上的条件，李嘉诚才做出了这一次逆势收购的决定。

两年之后，李嘉诚又收购了加拿大的另一家石油公司。并将两家石油公司并为一家，合并之后的赫斯基能源公司资产扩大了整整一倍。几年后，李嘉诚在另一股东退出后，再一次增持了该公司的股权。李嘉诚本人在赫斯基石油公司占30%的股份，加上和记黄埔公司控股，实际他掌控了该公司70%多的股份。因此，李嘉诚对赫斯基石油是绝对控股，赫斯基石油成为长江实业集团在海外的一大子公司。

李嘉诚曾经这样描述过他对于赫斯基的收购："80年代时中东国家和美国有分歧，石油供应紧张。那时我就想，加拿大有石油，政治环境相对稳定，就趁赫斯基石油亏蚀的时候把它买过来。"

其言其语，得意之情溢于言表。

其原因当然是赫斯基石油在后来的岁月里给他带来的滚滚盈利。李超人也是人，他不能不得意。

不久，由于全球局势重新趋于稳定，经济迅猛发展，石油的需求越来越大，石油价格也迅速回升。赫斯基石油公司扭亏为盈，成为给长江实业定期输送牛奶的"大奶牛"。

2000年，赫斯基石油成功上市融资，并且以加拿大为基地，面向全球投资新能源。

李嘉诚仅持有的股份分红多年来累计叠加已经是近百亿美元，早已经超过了当初投资的金额。而赫斯基石油上市，市值上涨，已经达到300亿美元。李嘉诚所持股份，市值200亿美元。这样算来，股票加分红，李嘉诚已经收益300亿美元。这就是当年投资赫斯基石油的最终答案！

在长江实业集团的扩张中，收购"和记黄埔"和"赫斯基石油"都是里程碑的事件，它是长江实业集团由涓涓细流汇成大江、大河的标志。正是这些当初让人不看好，后来事实证明是非常卓越的抉择成就了李嘉诚，成就了今日的长江实业。这一收购让长江实业，开拓了新的领域。让一家立足香港的财团和公司，成为一家跨国大型公司，成为一家全球企业。

就华商而言，李嘉诚从塑胶花起步，进军房地产，进军股票市场，再进军能源领域，他已经稳坐世界华人首富的宝座。

当然，赫斯基石油的收购并不算终结，李嘉诚仍然在思索新的布局，他的商业帝国仍然在寻求更大的发展。

02 Orange plc

"Orange plc"是和记黄埔从事欧洲移动电信业务的公司,翻译成中文是"橙子"的意思。

在20世纪90年代,它是"和记黄埔"在英国推出的一家电信公司,主营移动电话业务。在马世民的管理下,这家英国电信公司市场份额不大,盈利能力有限。这也是马世民在和记黄埔后期不太成功的管理业绩之一,同时,这也是马世民最终离开和记黄埔,并带有稍许遗憾的原因之一。

马世民于1993年离职,接任者是霍建宁。

在长实系的发展中,霍建宁是一个重要的角色。按照李嘉诚的说法:"他是一个浑身都充满了赚钱细胞的人。"李超人如此评价,可见,霍建宁的商业头脑已经到了什么地步!

霍建宁1952年出生,毕业于美国明尼苏达州的圣约翰大学,并取得专业会计师资格。因此,1979年归港即被李嘉诚收入长江实业门下,任会计主任,主控财务大权。后又到澳大利亚新英格兰大学进修,获得澳洲会计师资格。1984

年升为和记黄埔的执行董事，1987年跃升为副董事、总经理。1993年正式接任"和记黄埔"公司的董事、总经理，执掌一方大权，成为李嘉诚的左膀右臂，开始他运筹帷幄的商业生涯。

霍建宁是"职业经理人"，具体指挥企业的日常运作。有人称他为"打工皇帝"——打工族的皇帝，年薪高达1.24亿港元，足可令人叹为观止。

如此传奇的人物，当然有传奇般的业绩。

英国卖"橙"，就是霍建宁的得意之作。

"橙子"在英国运营不善，只占英国电信市场很小的份额，大部分市场份额在德国电信巨头曼内斯曼和英国的沃达丰公司。

霍建宁上任后，力排众议，又投资5亿美元，扩大"橙子"在英国市场的业务，并逐步站稳了脚跟。

当时的欧洲，所有的通信业务几乎被沃达丰和曼内斯曼占有，"橙子"紧随其后为第三，但它与第一和第二差距有点大。

沃达丰一心想做全球通信行业的老大，它的对手就是曼内斯曼。而"橙子"虽小，但可左右逢源，在夹缝中做自己的事业。

当时的沃达丰总裁根特雄心勃勃,一心要做的就是世界通信行业的老大。在他的领导下,沃达丰迅速扩张,业务遍及全球25个国家和地区。甚至,远在亚洲的日本也成为沃达丰的天下。

曼内斯曼面对沃达丰的疯狂扩张忧心忡忡。虽然他们之间有一个隐形协议,在欧洲划地而行,各有其市场与范围。可他仍然感受到对方的咄咄逼人之势,为了生存与发展,曼内斯曼将目光投向了英国本土,投向了"橙子"。

李嘉诚非常清醒,他知道自己的实力无论如何也比不了沃达丰。在英国,"橙子"虽然名列第三,实际上的市场份额很少。而此时香港正在经历一场经济危机,他的着重点也不可能放在欧洲。

但是,李嘉诚之精明,霍建宁之韬略,他们没有将"橙子"交给沃达丰,而是将目光投向了曼内斯曼。

曼内斯曼也在注视着"橙子",因为这是唯一一块伸向英国本土的堡垒。拿下它可以借势进入了英国,份额虽小,但位置重要,很可能借此会有一番作为。

李嘉诚及时地派出霍建宁常驻伦敦,经营"橙子"的同时，悄然与德国曼内斯曼谈判。

有一种说法，说英国与德国隔海相望，历史上多次争斗，久为世仇。即使是踢足球，英格兰遇到德意志，肯定是火星碰地球，火花四溅。

霍建宁在遥远的伦敦与曼内斯曼谈判，消息很快就传到了沃达丰的耳朵里。沃达丰不想放弃这块置于眼前的肥肉，因为拿下"橙子"就"统一"了英国市场。

这时主动权在李嘉诚与霍建宁手中，经过一番机敏而充满戏剧性的谈判，花落德意志。曼内斯曼摘下这个英国女王近前的"橙子"，而李嘉诚与他的和记黄埔同样受益匪浅。和黄公司得到28亿美元现金和为期3年的28亿美元票据进账。同时因为曼内斯曼付出了一部分股票，和记黄埔得到曼内斯曼扩大的股本后的10%，即5200万股。

按照这一比例，李嘉诚的个人身价因此而暴涨150亿港元。

如此大的一笔交易，背后的故事肯定很多，最主要的当然是沃达丰与曼内斯曼的竞争。正是因为两个欧洲最大通信商的竞争，才让"橙子"卖出了一个"高价"。这高价的一部分就是曼内斯曼的10%的股权。李嘉诚虽然将"橙子"卖给了曼内斯曼，可其中一部分对方用自己的股票支付。而得到这部分股票，李嘉诚自然就成为曼内斯曼的股东。

为此，李嘉诚派出霍建宁进入曼内斯曼董事局及顾问团。

事过不久，沃达丰提出一项用680亿英镑全面收购曼内斯曼计划。这是巨大的诱惑，真可谓"值超所物"。但这一计划被曼内斯曼冷酷地拒绝了。

5天后，沃达丰谈判代表告诉曼内斯曼，价格已经提升到790亿英镑。

曼内斯曼是德国最大的移动电话运营商，自身拥有1700万客户。收购"橙子"以后，它的客户已经有2000万。其控股的财团也是德国最老的财团之一，历史足有一百年。德国人对这家公司感情深厚，不想让它离开德意志。于是，790亿英镑的价格也在数天后被拒绝。

沃达丰不达目的绝不罢休。一番讨论，沃达丰竟然开出1050亿英镑的高价，等于1850亿美元，简直是"挡不住的诱惑"。曼内斯曼是一家上市公司，也就是公众公司，股东60%不是德国人这部分股东表态，放弃曼内斯曼，交给英国人。而上万德国人上街示威游行，反对将曼内斯曼交给英国人。德国政府高层也有人指责说，这是恶意收购。

对于公司而言，股东的话就是意志。于是在1050亿英镑的攻击下，曼内斯曼的大部分股东"缴枪投降"，沃达丰收购曼内斯曼也拍板成交。

李嘉诚的股份也随之卖出，合理套现500多亿港元。

03 零售业

有媒体称李嘉诚在英国的这一成功运作为："李超人欧洲摘甜橙"，这一进一出之间，李嘉诚获益1000多亿港元，真是挥手之间，身价倍增。橙子属实很甜！而长江实业股东通过下属的"和记黄埔"公司，更是受益良多。长江实业股票在香港、伦敦都有很好的业绩。

这是人们对长江实业的认可，也是对李嘉诚的认可，极具商业智慧的运作，让李嘉诚也让霍建宁声名大噪！

回头之间，李嘉诚又将目光投向更多的能源领域，如中国南海的石油，澳洲的天然气。李氏商业帝国遍布全球的经营网络，让人目不暇接。但与普通百姓接触最多的当属它的零售业，屈臣氏商业连锁。

屈臣氏原来是一个英国人的产业，100多年前，一位叫沃森的英国人在香港开了一家以出售保健品为主的门店（也有一说是从广州搬来）。由于沃森的粤语发音为"屈臣"，所以这家门店又叫"屈臣氏"。到19世纪末，屈臣氏已经在香港拥有30多家门店，主要经营化妆品和一些日用品。

20世纪60年代，屈臣氏被"和记黄埔"收购，成为和记黄埔公司的一个分支。

后来，由于得到包玉刚的帮助，加上沈弼的青睐，李嘉诚收购"和记黄埔"，屈臣氏自然归到了长江实业。

屈臣氏这家超市归于长实后，随着长实在全球的发展也迅速伸向世界各地。特别是长实进入内地后，屈臣氏似乎驶上了快车道。许多门店相继开张，每天吞吐亿万客人。

其业务也更上一层楼，经营种类也从化妆品和日用品发展到保健、美容、食品、电子、高级洋酒等。同时，也生产饮品，制造一系列瓶装水、果汁、汽水、茶类饮品等。并通过国际洋酒批发商及代理商，销售世界优质名酒并推广所产饮品。其门店也进入机场、港口，所售商品也注意品牌结构，许多品牌蜚声国际，备受推崇。在给人们带来更高生活品质的同时，也使屈臣氏名满天下。

屈臣氏在经营上整合地方经验与国际专长，以最相宜的价格提供切合顾客需要的产品和服务。其旗下的门店均以卓越品质和殷勤服务见称，他们高度重视地区市场特性，会应个别市场喜好和品位而设计出各式各样的商品组合。因此，屈臣氏在发展全球业务的同时，也很好地兼顾了各地的习俗与文化的独特需要。它以独特的风格，屹立于世界各大零售商之中，成绩斐然。

在亚洲，屈臣氏拥有多个著名品牌和零售连锁店，包括屈臣氏个人护理店、百佳超市、美食购物广场。还有屈臣氏酒窖和机场零售业务，区内瓶装水及其他饮料的主要生产商。而"屈臣氏蒸馏水"常年位居香港瓶装水销售之冠，这也反映出市场对屈臣氏产品的认同。

在欧洲，屈臣氏的零售业务遍布26个国家，旗下多个品牌为畅销商品。

李嘉诚从来没有忘记这个百年企业，在他的安排与布局下，屈臣氏成功地进入欧洲。2005年，李嘉诚决定投资55亿港元收购法国最大香水零售商Maejonnaud的控股权。这是屈臣氏在欧洲大陆的首次扩充，这也使屈臣氏在欧洲大陆的重点发展战略得到有效执行。欧洲经济发达，中产阶级凝聚，这样的商品消费非常适合他们的品味。这一收购，使屈臣氏增加了1300家门店，营业规模增加了100亿港元。

同年，李嘉诚又在圣彼得堡收购了保健及美容产品连锁店 Spektr Group。将屈臣氏引入俄罗斯，巩固了作为全球最大的个人护理品、美容、护肤商业业态零售商的地位。

屈臣氏还在英国、荷兰成功完成了收购，使公司的业务进一步覆盖欧洲。

2003年收购菲律宾某知名药品零售企业，扩张了东南亚的业务。

2004年，成功收购拉脱维亚、立陶宛的美容护肤系列产品零售商，进军波罗的海国家。

李嘉诚通过资本并购的力量，迅速在亚欧重点区域扩充了屈臣氏的企业规模。

屈臣氏还提出了"健康、美态、快乐"的三大理念，作为自己的市场定位。协助热爱生活、注重品质的人们塑造自己内在美与外在美的统一。很多地区，还推出了"个人护理"概念，由此来指导经营，受到年轻女性的追捧与喜爱。

屈臣氏还注意自主品牌的开发，仅沐浴露和洗发水就有

1200多种，在销售中占比为15%。这些品牌的研制，建立于市场调研。为适销对路，还建立了"模拟店铺"，用来了解销售趋势和顾客需求，以确定发展产品种类。为了满足特定消费者的需求，还推出具有特色的独家产品。

比如，屈臣氏针对不少女性消费者穿高跟鞋容易磨脚的问题，开发出脚掌贴、脚后跟贴等，解决部分女性的困扰。细微处见精神，屈臣氏以顾客为念，口碑相传，业界里名气渐高。

屈臣氏进入中国内地后，一路前行，受到了国内消费者的好评。

1989年，中国第一家屈臣氏个人用品商店在北京开业。

1994年，屈臣氏重回广州，在江南西路开业。

2005年，屈臣氏第100家分店在广州正佳广场隆重开业。

2006年，屈臣氏第200家分店在广州花都隆重开业。

2007年，屈臣氏第300家分店在江苏南京隆重开业。

2008年，屈臣氏第400家分店在海南海口开业。

2009年，屈臣氏第500家分店在上海开业。

2010年，屈臣氏第600家分店在深圳开业。

2011年，屈臣氏第1000家分店在上海开业。同时，这

是全球第 10000 家分店

2013 年，屈臣氏第 1500 家分店在安徽开业。

2014 年，屈臣氏第 2000 家分店在天津开业。

2015 年，屈臣氏第 12000 家香港旗舰店开业。

目前，屈臣氏已经在全世界 24 个国家有其分店和机构。总门店达到了 14400 多家，是全球最大的零售连锁企业之一。

现在，屈臣氏这家和黄下属的公司，年进账 1350 亿港元，平均下来，每天可赚 3 亿港元。单单是屈臣氏这个板块，李嘉诚就拥有 10 万多员工。屈臣氏每年服务超过 40 亿的人流，这一数字让许多电商平台都自愧不如。

每一家企业都有自己的文化，而老板的个人风格必将融入其中。屈臣氏不仅有自己独特的品牌，还有自己独特的服务方式，比如上面提到的脚掌贴等，这些都是根据顾客的实际需求推出的产品，同时也反映了企业的文化。

也许，这也从另一方面反映了"长江不择细流，故能浩荡万里"的一种缘由吧！

04 商业帝国

从长江塑胶厂到长江工业有限公司，再到长江实业集团；从筲箕湾到北角，再到中环皇后大道中；然后，再从香港到欧洲，到北美，以至澳洲、新加坡、东南亚。从塑胶花到地产，再到股市、能源，以及更多的领域。李嘉诚以诚实的信誉，敏锐的商业头脑，纵横捭阖的气势，灵巧而多变的投资策略，终于完成了他的商业帝国的布局。截至2014年，长江实业集团在香港上市的总市值为10540亿港元；其业务遍及全球52个国家，雇员人数达28万人。

李嘉诚毕其一生精力，创造了这个强大的财团，庞大的企业，数十万计的员工而形成的商业帝国。

回顾这个帝国创立与扩张的过程，会带给人以启示与思考。

1928年，李嘉诚生于广东潮州。为避战乱，加上父亲早逝，李嘉诚从学徒做起，拎着茶壶为客人上水。又学习钟表修理，跑街推销，进入塑胶厂从推销员做到经理。

第七章 拓展 布局 未来

1950年,年仅22岁的李嘉诚,创建了长江塑胶厂。后来,更名为长江工业有限公司,主打塑胶产品。从这个名字可以看出,李嘉诚少有大志,希望他的企业能如长江一样,广纳人才,广纳资金,如长江一样越流越强、越流越壮。如果把这个称为梦的话,可以说,创业之初,李嘉诚就有长江之梦。

1957年,李嘉诚在一本英文杂志上看到,意大利一家塑胶厂做出了鲜艳夺目的塑胶花,这种花色泽与鲜花无异,可比鲜花保鲜长久。他立刻敏锐地意识到,这将是下一步塑胶市场需要的重点产品。这种意识非常重要,如果没有这一意识,也许李嘉诚的长江之梦只能是梦。他有了这种意识并立即付诸行动,亲自飞往意大利。加上,他从塑胶厂车间到总经理的经验,很快在异国他乡学到了此项生产技术。回港后,他卓越的经营方略,成就了他"塑胶花大王"的美名,也因此,他的长江之梦终于有了实现的可能。

1958年,李嘉诚在香港北角建起了第一幢工业大厦,这标志着他开始进军房地产。1960年,他在柴湾建成了第二幢工业大厦,开始了他以物业为主体的地产经营。不久,香港地价暴跌,李嘉诚果断出手,收购了大量地块,储备了足够未来发展的土地资源。苍天给了他机会,他也准确地抓住,踩准了上天给他的节奏。这些地块在不久的将来,给他带来了无法估量的资产,使长江之梦闪出亮丽的光彩。

1972年,长江实业(集团)有限公司在香港交易所主板上市。这又是一个里程碑般的事件,李嘉诚开始在股市上纵横捭阖,吸纳资金,并购企业,演出了一个又一个令人瞠目结舌的大剧。

1979年,李嘉诚收购"和记黄埔"。对于李嘉诚和他的长江实业而言,这是可以称为划世纪的事件。

和记洋行,是一家英资洋行,即英国人办的公司。太平洋战争期间,英国人祈德尊到香港服役,曾经征战印度、缅甸、泰国。战争结束,他进入香港和记洋行,一系列运作后,他成为和记洋行的董事局主席,并收购了"屈臣氏""德惠宝""黄埔船坞"等公司,扩大了和记洋行的业务和规模。1969年,他进军房地产,并一度成为香港最大的"地主"。

1975年,和记洋行的大量扩张遇到了顶头风,股市暴跌,石油危机,公司财政陷入困境,连带着股票大幅贬值,情况日益恶化,加之贷款到期,没有办法,终于同意由香港汇丰银行注资33.65%的股份,汇丰银行成为和记洋行最大的股东。祈德尊只好下台,和记洋行改换门庭。

1977年,在汇丰银行的主导下,和记洋行与黄埔船坞合并,成为"和记黄埔"有限公司,其股票也在银行主导下,于1978年上市。

李嘉诚又一次抓住了上天给他的机会,借助包玉刚和沈弼,他兵不血刃地收购了和黄。他以22.4%的股权,入主和记黄埔董事局,并在后来成为主席,全面掌控了"和记黄埔"。他的长江实业,在一夜之间成为香港万人注目的大公司。

1973年,长江实业收购"百佳超市"。

1977年,长江实业收购香港希尔顿酒店及购物中心,其后重新发展成为长江集团中心。

1980年,长江实业合并旗下和记黄埔的管理资源和业务,成立和记黄埔地产集团。

1983年,和记黄埔在香港开展移动电话业务。

1985年,李嘉诚的长江实业通过"和记黄埔",收购了香港电灯有限公司,后改为香港电能有限公司。

1987年,通过和记黄埔在加拿大收购赫斯基能源公司43%的股权,将业务扩展到海外和能源领域。

1996年，和记黄埔整合香港移动和传呼及固定网络的市务和营运资源，成立和记电讯有限公司。

1997年，"长江实业"进行大规模重组。重组后的"长江实业"所持和记黄埔股权增至48.95%，和记黄埔所持长江基建股权增至84.58%，和记黄埔把香港电灯35.01%的权益让与长江基建。

1998年，"长江实业"投资的香港地标建筑"中环中心"落成。同年，长江实业在中国内地进行农业投资，并通过"海逸酒店"（国际）管理有限公司进军内地酒店业务。

1999年，集团总部大厦"长江实业集团中心"在香港中环心脏地段落成，70层大楼雄踞中环。

2004年，总建筑面积763.482平方米的北京东方广场落成。广场包括购物中心，办公大楼，服务式住宅大楼、酒店。

至2014年，李嘉诚和他的长江实业，业务遍及全球，成为一家名副其实的全球性跨国企业。其业务包括物业发展及投资、房地产代理与管理、港口及相关服务、电信、酒店、零售、能源、基建、财务及投资、电子商贸、建材、媒体及生命科技等。

至此，李嘉诚的长江之梦已经全面落实，他的企业，已经如万里长江浩瀚畅流,让人倾慕不已。

李嘉诚倾注一生之心血建成这个庞大的商业帝国,终成当代华人之首富。

此刻回首让人感慨良多,从潮州乡间走来,不过是一个羸弱的少年,又生不逢时,战乱频繁,父亲早逝。他像一棵柔弱的草,依附于母亲大地,顽强生存。几乎是凭一己之力,胸怀大志,从脚下最平凡的事情做起,一步一个脚印,踩准生活的节奏,不浪费每一次灵光乍现的机会,努力前行。

没有幸运,因为幸运可能有一次、两次,但绝不会总有,没有偶然,因为偶然只是偶然。有的是人品,有的是经历,有的是性格,有的是积淀,有的是灵感,有的是充满智慧,在每一个关键的时刻杀伐决断。

然而,这所有的一切都在于一个源头,那源头就是长江之梦。没有这个当初的梦想,就没有今天的商业帝国。

第八章

梦想　情怀　传承

01 妻子

挥斥金钱，运筹财富，李嘉诚是幸运的。他很少失手，屡战屡胜，即使在风险莫测的股市。可在生活中，幸运之神却离他远去。俗语有言"人生三大不幸"，其中幼年丧母，中年丧妻。李嘉诚的母亲虽然健在，并且是他很好的家庭生活导师。可他幼年丧父，失去了山一样的父爱，使他过早就挑起了生活的重担。

后来，他娶了自己的表妹庄月明为妻。

庄月明，人如其名，月亮一样明媚，月亮一样美丽。更主要的她的心如明月，纯净无瑕，尤其是对于她这个曾经落魄的小表哥——李嘉诚！

尽管父亲强烈反对，尽管学历才识高高在上，庄月明的爱情始终如一。也许这爱情本身就可以再书写一部传奇，也许这爱情本身就是一部传奇。然而，这一切，到了1990年1月1日竟戛然而止，年仅58岁的庄月明撒手人寰，告别这个世界，转身而去。

那一年，李嘉诚62岁。

从事业上看，庄月明的去世对长江实业影响不是太大。只从李嘉诚的两个儿子出生以来，庄月明基本上就相夫教子，淡出公众场合。可对于李嘉诚的私人生活，不能不说影响巨大。对于外人而言，难以了解其中的含义。可是，李嘉诚从此没有再娶。不管江湖上有多少八卦，那只是别人的猜测与偏见。一位亿万富翁，发妻之后不再续弦，不说是绝无仅有，也是凤毛麟角。由此可见，李嘉诚对于亡妻的蚀骨之痛。

每一年的开元第一天，1月1日，都可以看到一个身影出现在香港柴湾的佛教墓地。这个身影一出现，肯定是前呼后拥，媒体记者、商场中人都会集聚在这儿等候。记者会借机采访，而商场中人大多是为了项目而来。因为，这个身影是李嘉诚。

不管这一天是风和日丽，还是愁云惨雾，或是冷雨霏霏，李嘉诚都要在这一天，携全家来给庄月明扫墓。

年复一年，日复一日，身体状态在下降，意志在动摇，可是，李嘉诚对于亡妻的情感依旧。

李嘉诚90岁时，向外界宣布了自己退休的决定。那一年，有媒体对李嘉诚这坚持数年的举动做了报道，报道如下：

虽说李嘉诚的身家丰厚，但是他始终没有忘记自己的妻子。二十九年来，每年这个时候都会带上全家人来祭拜。现在的李嘉诚看起来身体消瘦了不少，腰也似乎挺不起来了，佝偻了不少。虽说身边的子女仔细搀扶着，但他走路还是稍显吃力，脸上还是很有精气神。但是，身体状况还是让大家担心，不过比起以前身体还是好了很多，以前七八十岁的时候走路还需要用拐杖，现在的他并不需要拐杖，只是身子有些直不起来。

商场无情，因为情感会使人软弱，决断零乱会误大事。可生活中，人若无情，皆如草木，会让人不齿。

李嘉诚坐拥亿万身价,对感情如此厚重,可见他作为普通人的一面。在"华人富商中最重感情的人"排榜中,李嘉诚名列前三!

02 长子李泽钜

李嘉诚有这样一句名言:一个人事业上再大的成功,也弥补不了教育子女失败的缺憾。

熟悉李嘉诚的人都知道,他这人很少口若悬河,名言金句所留不多。而这句话能被媒体记住,实在说明李嘉诚对于子女教育的重视。

1964年8月1日,李嘉诚长子李泽钜来到人世间。从此,其母亲庄月明就深居家中,以教育孩子为己任。

母亲温文尔雅,学识渊博。从李泽钜启蒙时起言传身教,对他影响很大。李嘉诚出身寒门,又逢艰难世事,总觉得优越的家庭条件不一定有利儿子的成长。因此,在给儿子以优越的教育条件之外,生活上严格管理,不准有丝毫放松。

李泽钜小学、中学就读于香港圣保罗英文书院，中学三年，李嘉诚安排他远渡重洋到加拿大继续中学的学业。在异国他乡的学习，李嘉诚仅给其提供生活费用，绝不多给。

那时的李泽钜大约是李嘉诚在茶楼当学徒的年龄，老爸的教诲，他常记在心，从来没有超过常人的要求，远离亲人，逐渐锻炼出独立生活的能力。

中学毕业，李泽钜考入美国名校斯坦福大学。按照父亲的意思，他选择了土木工程系。李嘉诚认定自己是地产起家，长江实业也以地产为基业，因此他让李泽钜选择了土木工程系，也许那个时刻就想安排李泽钜接手他的长江实业。

20世纪80年代中期，李泽钜在斯坦福大学获得结构工程博士学位。然后，他回到了香港。

李泽钜的回归在长江实业集团引起了很大的震动。众人瞩目中，李泽钜就像一个普通职员走进长江实业。面面相觑的人们发现，李泽钜只是一名总部的科员，负责的仅是日常的工作，朝九晚五与同事一起挤电梯，一起上下班。有董事向李嘉诚建议：让贵公子进董事会吧？可李嘉诚一口拒绝了，也许，他最害怕的恰恰是儿子产生这种理所当然的想法。他要让李泽钜从普通职员做起,通晓公司的一切。用心之良苦,也许只有李嘉诚和他的夫人知道。

虽然在程序上是这样,可李嘉诚实际上一点儿也没有放松对于李泽钜的培养。他在公司里安排了麦理思为李泽钜的"师傅",手把手地教李泽钜生意经。麦理思毕业于英国剑桥大学经济系,名校出身,又是商场老手,现任长江实业集团董事局副主席,当然的二把手。常言谓"名师出高徒",有了这样的师傅,李泽钜的前程还用说吗?

麦理思对李泽钜的评价是:泽钜是个谦虚好学的好孩子,一点儿都不像世界级富豪的公子。这里面的话,一个"好孩子",一个"不像",是对李泽钜的肯定。这也说明,这些年,李嘉诚家庭教育的成功。

由于李泽钜在加拿大求学,加拿大方面的业务李嘉诚常常要派他去打理。1986年,长江实业的首脑们正按照李嘉诚的布置,进军北美和欧洲。李嘉诚、马世民、麦理思经常与加拿大官员和商界人士举行会谈。而李泽钜频频出现在行列中,他从不表态,也不多言,只是默默地看着这些前辈的举动,暗暗地在吸取精华。

1986年12月,李嘉诚投入32亿港元,购入加拿大赫斯基能源公司 52% 的股权。其后，大半时间李泽钜要坐镇加拿大打理家族在加拿大的业务。这是第一次，李嘉诚将"方面大员"的任务交给李泽钜。

这一次李嘉诚一反常态，帮助李泽钜步入商界，特意说了这么一段话："如果在香港，这可是大新闻。你躲进酒店的卧房，都会有电话追进来。"

这话被签约的赫斯基能源的雇员听到，汇报给了赫斯基能源的董事会主席布拉尔。他立刻为李嘉诚父子举行盛大的宴会，邀请加拿大的政、商两界要人出席。在聚光灯下，李泽钜神采奕奕带着年轻人的微笑出现在加拿大的公众场合。所有人都知道了，这是李家大公子，对他的使命当然是心知肚明。李嘉诚稍微退后一步，其用意也是相当明显。

李泽钜坐镇加拿大，果然没有辜负其父的希望，并在温哥华一战成名，让长江实业集团从上到下立刻刮目相看。

1986 年，世界贸易博览会在加拿大温哥华举行，结束之后，各国的临时展厅或拆迁，或废弃，一片荒芜。这片旧址，是靠海的一块狭长地带，面对湛蓝色的海洋，苍凉得让人叹息。

学习土木工程的李泽钜，一眼就看好了这块地皮，他认为可以开发成商业住宅。远离喧嚣的都市,面对蔚蓝的大海,人们一定喜欢这另一种风格的住宅,市场也一定会认可这片宁静与休闲。

这块地皮是省政府的公产,远离都市,因此在荒芜中,一旦有人购买,价格肯定便宜。

李泽钜不是一时兴起,他是用非常专业的眼光来审视这块地皮的。他向父亲提出了五条理由:第一,世博会旧址附近都已经开发,社区设施、交通设施都已经有良好的基础。第二,温哥华这一区域,与一般大都市不同,并无高架公路,市容美观。第三,旧址位于市区边缘,有市郊的便利而无市区的弊端,无论往返市区和郊区,都同样便利。第四,位置临海,景色宜人,海景住宅当然矜贵。第五,香港移民源源不断开赴加拿大,对饱受市区嘈杂拥挤之苦而又嫌郊区偏远冷寂的港人来说,这样的海景住宅有相当的吸引力。

李嘉诚高度赞赏这一建议,特别是对第五条的建议十分赞赏,认为李泽钜不仅是懂得土木工程,更懂得市场,有商人的眼光。

但是,这块地皮太大,相当于港岛整个湾仔区加上铜锣湾。这不仅在香港是绝无仅有的开发,在加拿大也是开天辟地头一遭。但认同了儿子见解的李嘉诚的能量同样绝无仅有，他立刻联络香港地产巨头李兆基、郑裕彤与加拿大帝国商业银行下的协和公司共同开发。而具体操作人就是李泽钜。

这么浩大的工程，对年轻的李泽钜而言，绝对是巨大的挑战。可他没有辜负父亲和叔伯们的期望，日夜操劳，推动了世博会旧址的开发大战。

有一本书叫《富豪第二代》，其中有这样一段话：

李泽钜为这宏图巨构，一手一脚策划、设计，无尽心血，悉付于此。曾经在两年之间，出席大大小小公听会200多个，与各界人士逾2万人见过面，解释这个计划。当然，他的背后，父亲、师傅及其他人等，一直予以无限量的支持。

1989年，工程如期进行。由于媒体的偏激报道，激发了当地居民的反感，他们发传单，上诉省府，要求停止世博会旧址的开发工程。

李泽钜立即求见省督林思齐，平静地问道："如果世博会开发搁浅，您会明白意味着什么？"

年轻人不同凡响的平静和犀利言辞震惊了这位省督,而其中的原因恰恰是林思齐也是香港移民,他明白李泽钜话中的含义。因为这含义是,流入加拿大的地产投资缩减2/3,更会使这个省落后于其他省。

林思齐急忙向议会解释,李泽钜也以他的影响和表现征服公众。

平息这次风波后,旧址上的"万博豪园"不久落成。香港《信报》专门报道《李泽钜设计万博豪园一鸣惊人》。其中有这样两段话,摘录如下:

对李泽钜来说,加拿大温哥华的房屋计划——万博豪园,就是他事业上的试金石。因为这个被誉为加拿大有史以来最庞大的建设计划,是由他一手策划的,由看中地盘,以至买地、发展、宣传,他都参与其中,全身投入……

由投地到施工,这一段期间他遇到的争议、面对的意外和困难不计其数。如果换了一个性格懦弱、信心不足的人,早已知难而退了,但他并未如此,仍然一丝不苟地去做,笑骂由人,愈战愈勇,卒底于成……

李嘉诚看在眼里，喜在心里。"万博豪园"落成之后，他应董事们的要求，吸收李泽钜为长江实业集团董事。

1992年10月，李嘉诚退后一步，把本来应该是自己的香港商委会委员之职让给李泽钜，使他成为该届最年轻的委员。

1992年4月，李嘉诚辞去汇丰银行非执行副主席，李泽钜进入汇丰董事局。

1993年2月，长江实业集团董事局终于宣布：擢升李泽钜为长江实业副董事、总经理，排名麦理思之后。

在这一系列的发展过程中，李嘉诚总是谆谆告诫：凡事要低调！

而李泽钜也从不张扬，等到他与女友王富信结婚那天，婚宴只办了10桌。这让许多闻信赶来祝贺的亲友目瞪口呆。

而李泽钜的亲兄弟，李泽楷却躲在贵宾房中打游戏。

03 次子李泽楷

有人称李泽楷为"独行侠"。

1966年11月，比李泽钜小两岁的李泽楷出生，但他很少"独行"。在家中有母亲的呵护，在外，李嘉诚更多的是培养和历练。10岁起，他和哥哥李泽钜就要参加长江实业董事会。长江实业巨头林立，两个小孩子露出半头，在众人的争议中闪着好奇的目光左右打量成了长江实业董事会一道特殊的风景线。

这是李嘉诚的爱子心切，也是他的用心良苦，让他们从小就感受那种氛围，为将来做大事而准备。

而李泽楷自己说，父亲从来不讲如何做生意，而是教育我们如何做人，标准是中国的孔孟之道。

从这些事和语言可以看出，李嘉诚对儿子的期许：经商是种传导，而做人是根本。

不满14岁的李泽楷被送到北美读大学预备学校。在那里，每一个学生不论贫富，都有很强的独立意识。耳濡目染，李泽楷很快就习惯了这种独立生活。一次李嘉诚去看儿子，人们告诉他李泽楷在网球场。李嘉诚心中疑惑地来到网球场，却发现李泽楷在给人家捡出界的网球。这样做可以获得一点儿报酬，补助自己的生活费用。这让李嘉诚大喜过望，回到香港，对庄月明连连夸奖儿子：泽楷竟然学会勤工俭学，将来必有出息。

舐犊之情，溢于言表！

17岁，李泽楷考入斯坦福大学，专修自己喜爱的电脑工程。这不是李嘉诚给他的选择。因为，哥哥李泽钜选择土木工程系是父亲的意思，出发点当然是从自己的家族企业的发展考虑。而从这一角度出发，李嘉诚应该让李泽楷攻读商科、法律等适宜管理企业的专业，并与李泽钜所学互补才对。而李嘉诚尊重了儿子的这一选择。

1987年，21岁的李泽楷大学毕业。此时，李嘉诚在加拿大的事业正轰轰烈烈地展开。李泽楷去了加拿大，却没有像兄长一样，打理自家的生意。而是私自进入了一家银行做一名普通职员，从事电脑工作，成了一名名副其实的打工族。

这两次选择，明显不是李嘉诚的安排，而是"独行侠"自己的主意。这一方面可显李泽楷的性格，另一方面显示李嘉诚的一种关爱。

四年后，李泽楷回到了香港，立刻被李嘉诚安排进了和记黄埔，让他跟随行政总裁马世民学艺。马世民与他一番谈话后，把他安排到和记通信公司当一名普通职员，与他喜爱的电脑在一起。

进入公司后,李泽楷立刻向"卫星电视"方向发展。

1988年2月24日,在李嘉诚的倡导下,和黄、中信、大东三家公司合组的亚洲卫星公司成立,宣布投资发射专为亚洲提供电信服务的人造卫星,计划利用中国长征三号运载火箭送入东南亚上空同步轨道。

这颗卫星取名为"亚洲一号",1990年4月7日发射成功。"亚洲一号"原来的用途是以电话服务为主,由和记通讯负责经营,也就是李泽楷进入的公司经营。这颗卫星一共有24个转发器,全部出租年租金约为2500万美元,可实际使用率很小。于是,李嘉诚父子就想把未尽其用的卫星用途转到刚刚起步的卫星电视方面。

可这一想法一经提出就遇到了强烈的反对和抵制。

香港是弹丸之地,原来就有两家电视台,一家"无线台"一家"亚视台"。这两家无线台生存的方式是依靠广告收入。后来,发展起有线电视,为了管理,香港政府设立了第二电讯网络。有线电视实施收费制,与无线电视分道扬镳。

这第二电讯网络就是李嘉诚有志参与的新兴事物。可是,他被别人捷足先登。世界船王包玉刚的女婿,九龙仓董事局主席吴光正，与李泽楷相比，同样是新锐，同样的后台强硬。

有线电话争夺失败，李嘉诚想在卫星电视上挽回一局，担纲的就是李泽楷。马世民不久就任命李泽楷为卫星电视的董事兼行政负责人。

收看卫星电视也是一种无线，可必须安装收看卫星电视的特殊天线，也叫碟形天线。据统计，在香港有15万座大厦可以安装碟形天线。

1990年8月，李嘉诚多方游说，终于说服香港政府，放宽了有关条例。新条例规定：若使用碟形天线收看卫星电视讯号，只要不涉及商业用途（指向用户收费等）或再行转播（指向无线台、有线台提供有偿服务），便无须申请批准及领取牌照。

这样，卫星电视就对有线电视构成了巨大的威胁。

立刻，吴光正下令，禁止安装卫星天线的持牌公司进入该家族控制的大厦安装碟形天线及室内系统。

李泽楷也下令，不允许九龙仓打进长实系兴建和管理的大型小区，以及大厦和楼宇安装有线电视。

真可谓，"天下熙熙皆为利来，天下攘攘皆为利往"。

尽管李嘉诚与包玉刚是好朋友，尽管当年为了九龙仓和华人行，二人有利益交换，互有收益。可今天，后辈是后辈，利益是利益，李嘉诚和包玉刚绝不出面，一切均由吴光正和李泽楷自行处理。

可是，李嘉诚和李泽楷没有预料的是，卫星电视不但动了有线电视的奶酪，也影响了无线台的收入。于是，三家联合，共同向香港政府施压。

1990年12月，香港政府向卫星电视发放营业牌照，但同时附加了两个条件：一、不可播放粤语节目。二、不得向用户收取费用。

这让李氏父子非常郁闷，亚洲卫星的覆盖面虽然可为30多个亚洲国家和地区提供电视电讯服务。但电视的市场主要在香港，香港华人不仅不愿意看国语节目，绝大部分人连听都听不懂。不许播粤语节目，实际上就是让卫星电视放弃香港市场。

1991年3月，卫星电视公司正式成立，李嘉诚任主席，马世民、李泽楷任副主席。卫星电视与有线和无线电视的竞争进入白热化，李嘉诚父子频频出招。他们借助传媒，指责香港政府规定荒谬，称一家香港本地注册电视台却不准播放本地语言的节目，这是何等的本末倒置……

李嘉诚还动用了一间独立的公关公司，让他们搞了一次民意调查。结果，100%的卫视用户都赞成播放粤语节目（外籍用户则提出增加英语节目）。李泽楷将这一调查结果呈交香港政府的文康广播科、广播事务管理局，用民意来要挟改变管理条例。

1991年4月，卫视开播。年底，卫视已经使用5个频道向亚洲和太平洋用户播放节目。

李泽楷雄心勃勃，要做传媒大王，李嘉诚也全部放手，让他来垄断卫视所有权力。

那段时间里，李泽楷似乎泡在电视里。在他的办公室里，有一道电视幕墙，由24台电视机组成，他同时观看多个"友台"的节目和自己的卫视台。从这里，他能及时捕捉灵感，找到对手的差错。

竞争中他有自己的优势，那就是收视面，它可以不停地24小时向40多个国家和地区播送节目。但节目的质量是他要掌握的关键，这是广告经营的基础。

李泽楷以其独到的视角，稳步提高了卫视的节目质量，吸引了大量的公众。在20个月的时间里，他的广告收入为

3.6亿美元，而费用为0.8亿美元，经营态势良好。

当然，他们始终没有忘记媒体，利用报章大登漫画广告，讽刺政府的规定。

1992年7月2日，香港政府终于颁布新的广播电视条例。宣布卫视自1993年10月底起，可开播粤语节目，但卫视不可独立经营收费电视，只能通过收费电视（有线频道），经营收费的卫视节目。

这一规定不但是放开了卫视的节目禁令，也促使李泽楷与吴光正握手言和。二人冰释前嫌，互划势力范围，并相互结盟。

尘埃落定，李泽楷却翻手为云，将卫星电视的股权卖给了世界传媒大王——梅铎。这一交易，让李氏家族与和记黄埔公司各获利15亿港元。

小"超人"一战成名，香港《经济日报》这样说：

真的是后生可畏！李嘉诚次子李泽楷，今番终于做出一出好戏。为和记黄埔及乃父带来近30亿港元利益……李嘉诚望子成龙，今次可以如愿以偿了。

1993年8月底,李泽楷被任命为和记黄埔副主席。他的这一荣升,公司上下一致赞同,没有异议。这也是他卫视之功的缘故,是年,他27岁。

然而,谁也想不到的是,不久,他宣布成立自己的私人公司"盈科拓展"。

"独行侠"要走自己的路,李嘉诚并不反对,他说:年轻人到底有自己的理想,和记黄埔管理层有足够的人手,我不会强迫他做。

04 / 李嘉诚基金会

在李嘉诚的办公室里有一副对联,上面书写:(上联)发上等愿结中等缘享下等福,(下联)择高处立寻平处住向宽处行。

这副对联来源于清末中兴名臣左宗棠,其意为:

发上等愿(远大志向)结中等缘(随遇而安)享下等福(生活简朴),择高处立(角度高)寻平处住(心态平和)向宽处行（宽容不苛责）。

大概这就是李嘉诚的座右铭！一生之准则，为人之方略。

许多人说，李嘉诚的经历是商界之传奇，可我更认为他是一部人生的经典。传奇于人，无非借偶然之势，成事业之巅，是不可复制的。而经典则不然，立志、修身、治家、传世，自然为榜样，不仅可以复制，而且可为千百人来学习、追求。

金钱可以偶得，做人却要千锤百炼。勤劳是美德，俭朴是美德，诚信是美德，波澜不惊、沉稳大气是品质，随机应变、杀伐决断是意志，识进退、懂礼让是智慧。驭下有方、中和对手是宽容、是胸襟。而拿出终生追求的金钱做慈善、做捐赠，更是情怀。

1980年，李嘉诚基金会成立。

李嘉诚这样说："基金会就是我的第三个儿子，基金会的分量有一日一定会不少于我财产的三分之一。"

他的这笔巨款全部用于慈善，然而，李嘉诚却告诫：基金会不准用慈善冠名。基金会有两个方向的发展，一是通过教育使能力增值，二是通过医疗及相关项目建立一个关怀的社会。

据统计，李嘉诚基金会至今已经捐赠很多项目，其中64%用于中国内地的助教兴学、医疗扶贫和文化事业上。

尤其在助学上，李嘉诚还有其独到的见解。在西部助学问题上，李嘉诚认为，没有跨越式思维进步，投放的资源只是低效和低量的循环，没有重大意义。李嘉诚采取的方式是，通过卫星、网络和计算机，使西部的教师和学生能够实现与发达地区同步的远程教育。为此，斥资3亿港元，覆盖一万所中小学及13所大学，可培训一万名乡村老师。有望突破乡村老师自己能力不足的瓶颈，形成教育的持续效果。

数年来，李嘉诚基金会在内地教育方面的投资有：长江商学院、西部教育医疗计划、长江学者奖励计划、北京大学图书馆新馆、清华大学未来互联网研究中心、潮州基础小学、广东警官学校和汕头大学。

医疗方面：汕头大学医学院、中国残疾人长江新里程计划一期与二期、"人间有情"全国疗养医疗服务计划、"重生行动"全国贫困家庭唇腭裂儿童手术康复计划、上海市金山众仁护理院、潮州医院、潮州市中心医院、医疗扶贫、关心是潮流计划、海南省农村卫生建设、陕西农村卫生扶贫建设、广东省公安民警医疗救助基金会、健康快车、微笑行动。

其他还有一些文化艺术方面的捐助与支持。这些只是李嘉诚基金会的一部分项目。可以说,李嘉诚先生在支持家乡与内地建设方面投下了巨资。尤其值得一书的是汕头大学。

香港回归之后,李嘉诚在离家40年后,终于回到了家乡潮州。家乡的变化让李嘉诚很高兴,得知这里还没有一所高等教育的学校时,他决定为家乡捐献一座大学。

1981年,李嘉诚投资上亿港元,建立汕头大学。

学校得到了教育部、广东省政府的大力支持,占地于汕头市西北区,计1888.70亩,有办公楼,宿舍楼,教学楼,实验室等各式建筑共43.52万平方米。

1983年秋,汕大首期工程开工。同年12月31日晚,李嘉诚在"汕头大学奠基典礼庆祝大会"上发表讲话"我认为汕大的创办是合乎民意,深得人心的,千方百计以破釜沉舟精神,务必使之建成办好,这就是我最大的心愿"。

第二天,李嘉诚举办了中外记者招待会,他这样说:"最先进的科学技术和机器,也需要有优秀思想文化素质的人才去操纵、去控制。汕头大学的创办,就是要为国家四化培养人才,为潮汕地区培养人才,为潮汕人民服务,为改变潮汕的落后面貌出力!"

他还发自肺腑地说道:"支持国家、报效桑梓,乃是我抱定的宗旨。"

大学在建设中,上级领导曾经征询李嘉诚的意见,用某幢建筑,以李嘉诚或者是李嘉诚的父亲李云经的名字来命名。李嘉诚均坚决地婉言拒绝!

1990年2月8日,汕头大学全面落成!

汕头大学校长在《答谢词》中说:"李嘉诚先生为了创办汕头大学,他不但慷慨解囊,捐献近6亿港元巨款,而且亲自参与筹划,为解决汕大的种种问题而竭诚尽力。李嘉诚先生捐资兴学,育才强国的义举,将在我国高等教育史上留下光辉的一页。"

建成后的汕头大学不负众望,以医学为主,成效显著。共有教职工1540人,现有在校生10056人,为社会培养了各种人才9万多人。而且,教育部定其为"卓越医生教育培养计划"试点高校。

李嘉诚的愿望全部达成!

中国著名文学家刘白羽先生在他的《长江三日》中最后

写道:"天光水色真是柔和极了,江水像微微拂动的丝绸,有两只雪白的鸥鸟缓缓地和"江津号"平行飞进,水天极目之处,凝成一种透明的薄雾,一簇一簇船帆,就像一束一束雪白的花朵在蓝天下闪光。"